GEBED VIR NOG 'N NUWE DAG

GEBED VIR NOG 'N NUWE DAG

GEBEDSJOERNAAL MET 'n GEBED VIR ELKE DAG VAN DIE JAAR

J. H. JOWETT

GEBED VIR NOG 'N NUWE DAG

Kopiereg © 2021 CruGuru

Tweede Uitgawe

ISBN: 978-1-920693-04-6

Alle regte voorbehou. Geen gedeelte van hierdie boek mag op enige manier of in enige vorm gereproduseer, weergegee, gestoor of oorgesend word sonder skriftelike toestemming van die uitgewer nie.

Hierdie boek is die eerste keer uitgegee in 1905 onder die titel *Yet Another Day*. Die Nederlandse vertaling deur J.H. Gunning J.Hz. het in 1935 verskyn onder die titel *Een Bede vir Elke Dag*. Afrikaanse vertaling (2009) deur Martyn Demas.

Hierdie uitgawe uitgegee deur CruGuru in 2021

www.cruguru.co.za

Johannesburg

Voorwoord

In stil wees en vertroue sal jou krag lê.

Ons het 'n behoefte aan 'n vaster en kalmer versekering terwyl ons bid. Selfs in ons smekinge is dit nodig om te "rus in die Here." Miskien sou dit 'n goeie ding vir baie van ons wees as ons in ons gebede minder wil sê en meer wil luister. "Ek wil hoor wat God die Here wil sê."

Om te luister sal rus bring, waar om te praat net die temperament mag laat opvlam. Is dit nie wonderlik nie om te besef dat daardie pragtige frase, "Rus in die Here," slegs dit beteken: "Wees stil in die Here."

Ds. John Henry Jowett, M.A.
1905

Inhoudsopgawe

Januarie 1
Februarie 17
Maart 33
April 49
Mei 65
Junie 81
Julie 97
Augustus 113
September 129
Oktober 145
November 161
Desember 177

Januarie

1

Vader, maak vandag alles in my nuut. Maak ou verpligtinge vir my nuut. Vernuwe my liefde. Vernuwe my geloof. Skenk aan my die begeerte na 'n nuwe hemel en 'n nuwe aarde.

GEDAGTE VIR DIE DAG:

2

Ewige Vader, ek neem my toevlug tot U genade. Beskerm my in hierdie wêreld. Laat my ervaar dat daar 'n vurige muur rondom my is. Ek is veilig en getroos in U beskerming.

GEDAGTE VIR DIE DAG:

3

Liefdevolle Vader, laat my in heilige eerbied voor U aangesig wandel. Laat ek U teenwoordigheid alom aanvoel. Laat ek U voorsienige liefde in alles erken. Bewaar my, waar ek ook al gaan.

GEDAGTE VIR DIE DAG:

GEBED VIR NOG 'n NUWE DAG

4

Barmhartige God en Vader, help my in die stryd teen versoekinge en laat in elke worstelstryd waarin ek beland, my Heiland se oorwinningsbanier wapper. Maak my 'n ware soldaat van Christus.

GEDAGTE VIR DIE DAG:

5

Vader van alles wat lewe, skenk aan my 'n oorstromende liefde. Bevry my van alle louheid en koudheid sodat alles in my U heilige Naam sal grootmaak. Skenk aan my die krag van die ewige lewe.

GEDAGTE VIR DIE DAG:

6

Heiland van die wêreld, ek bid vir almal wat werk vir die uitbreiding van U Koninkryk op aarde. Stort U seën uit oor almal wat van U getuig onder armes en verlorenes, onder kleines en grotes, onder magtiges en geringes in hierdie land en op die hele aarde.

GEDAGTE VIR DIE DAG:

7

Vader, maak my hart ruim en my liefde ryk. Laat my lewe lyk soos 'n skaduryke boom sodat vermoeide reisigers by my rus en lafenis mag vind.

GEDAGTE VIR DIE DAG:

8

Vader, ek bid vir alle huisgesinne van ons volk. Mag ouers en kinders aan die wêreld die heerlike voorbeeld van 'n heilige lewe stel. Maak ons liefde heilig. Vorm ons gesinne tot seënryke fonteine van lewende water.

GEDAGTE VIR DIE DAG:

9

Hemelse Vader, ek dank U dat ek alle goeie dinge uit U hand mag ontvang. Laat my blymoedig tot U nader soos tot die lewende bron waaruit ek alles mag put in die naam van Christus, my Verlosser. Vul U my aardse kruik tot aan die rand en laat U oorvloedige genade vir my 'n ontwyfelbare waarborg van U gemeenskap wees.

GEDAGTE VIR DIE DAG:

10

My God, wys my wat my gevaarlikste sonde is. Help my om die versoeking te herken wanneer dit my bedreig. Maak my bekwaam vir die goeie stryd. Sterk my deur U genade.

GEDAGTE VIR DIE DAG:

11

Vader, gee dat daar vandag dag 'n goeie invloed van my mag uitgaan. Laat ek vir geen enkele soekende siel 'n struikelblok wees nie, maar gee dat almal wat U op my pad plaas deur hul verkeer met my hulself verbeter en nader aan U kom.

GEDAGTE VIR DIE DAG:

12

God van die lig, verlig my gees. Bestraal al die donker skuilhoeke van my hart en maak my 'n kind van die lig. Laat ek my geheime sondes ontdek en leer my om hulle te haat. Vernuwe my begeertes. Skenk aan my 'n rein hart.

GEDAGTE VIR DIE DAG:

13

Vader, lei my op die weg van die lewe. Wys my dat die breë pad lei tot sondige slawerny en dat my verkeerde begeertes my ewige hartseer gaan besorg. Help my om die goeie te ken en lief te hê.

GEDAGTE VIR DIE DAG:

14

Hemelse Vader, skenk aan my die sekerheid van U nabyheid. Laat my so voor U lewe asof ek U van aangesig tot aangesig waarneem. Laat my nooit twyfel aan U gewilligheid nie en bevestig in my die vaste sekerheid dat die krag van die ewige lewe my omring deur U nabyheid.

GEDAGTE VIR DIE DAG:

15

Vader, alle dinge is moontlik vir diegene wat glo. Laat my geloof toeneem. Laat my met 'n rustige vertroue alle struikelblokke oorwin. Versterk my deur U krag vir my lewenstaak. Laat die berge van swarighede vir my 'n soos gelyke pad word.

GEDAGTE VIR DIE DAG:

16

Heilige Vader, maak my hart so ruim dat iedereen daarin 'n plek kan vind. Help my dat ek nie slegs aandag gee aan dit wat myne is nie, maar ook let op dit wat van 'n ander is. Verlos my van die onderwerping aan selfsug.

GEDAGTE VIR DIE DAG:

17

Christus, my Koning, maak my in alles wat ek doen, aan U gehoorsaam. Gee dat elke gedagte van my ooreenkomstig met U wil is. Laat my siel U voortdurend in diepe eerbied dien.

GEDAGTE VIR DIE DAG:

18

My Heiland, leer my bid ook vir almal wat ek nie liefhet nie. Verwyder die skille van my oë af sodat ek ook in hulle die goeie mag sien. Toon aan my hoe ek ook my vyande moet liefhê.

GEDAGTE VIR DIE DAG:

19

Almagtige God, ek dank U dat ek tot U gemeenskap geroep is. Leer my om te bid sonder ophou. Verlos my uit die slawerny van die aardse gedagtes wat voorkom dat ek aan U dink. Skenk aan my die vryheid van die hemelse vreugde.

GEDAGTE VIR DIE DAG:

20

Vader, maak my getrou in U diens. So dikwels laat ek toe om verhinder te word om my plig as U kind te vervul. Maak my voet sterk en vas in die geloof. Help my om gewillig en vol vreugde die goeie te doen.

GEDAGTE VIR DIE DAG:

21

God van alle genade, ek verhef my siel op tot U. Verkwik my siel en skenk nuwe lewe daaraan. Verhinder my om in U diens onwillig te word. Gee dat die water van die lewe my voortdurend verkwik en versterk.

GEDAGTE VIR DIE DAG:

22

My Here en my God, maak my selfs in die kleinste dinge getrou. Laat ook die geringste in my lewe deur U geheilig wees. Gee dat ek U wil steeds stiptelik sal uitvoer. Here, versterk my geloof en versterk ook my gehoorsaamheid deur die geloof.

GEDAGTE VIR DIE DAG:

23

Vader, skenk aan my die oortuiging dat ek U begenadigde kind is. Gee dat ek U steeds inniger sal liefhê en laat my daardeur tot die insig kom dat my sondes my vergewe is.

GEDAGTE VIR DIE DAG:

24

Vader, laat die water van die lewe vandag ryklik oor al U kinders uitstort. Gee aan die bekommerdes nuwe krag. Versag die verharde harte. Laat die woestyn weer vrug dra. Wek die geestelike dooies op tot 'n nuwe lewe.

GEDAGTE VIR DIE DAG:

25

Almagtige God, ek bid vir iedereen wat in 'n stryd gewikkel is en wat hul magteloosheid so diep beleef. Gee dat hulle sal glo dat U hulle nie sal verlaat nie. Wys aan hulle hoeveel Christus, wat hulle so uitnemend liefgehad het, vir hulle doen en laat hulle koninklik oorwin om sy ontwil.

GEDAGTE VIR DIE DAG:

26

Vader, wek in my die gees van dankbaarheid. Laat ek U genade tog nie aanneem asof ek dit verdien nie. Gee dat ek U elke dag opnuut om U vrye genade en barmhartigheid sal loof en prys.

GEDAGTE VIR DIE DAG:

27

Grote God en Vader, ek bid vir my vaderland. Seën hulle wat oor ons regeer. Laat die môredou van U genade hulle verfris en versterk. Verbind ons en ons regering hegter aan U.

GEDAGTE VIR DIE DAG:

28

Vader, help my om doel van my lewe op die aarde steeds beter te kan begryp. Gee dat ek my dae nie misbruik nie. Dit behoort tog alles aan U. Toon aan my die eindelose waarde van tyd. Laat my so lewe dat elke dag en elke uur 'n verheerliking is van U heilige naam wat nooit genoeg prys kan ontvang nie.

GEDAGTE VIR DIE DAG:

29

My Heiland, laat my hier op aarde met al sy verganklikheid tog telkemale weer die lug van U ewigheid inasem. Laat die versterkende wind van U hoë berge aanhoudend na my vlaktes toe waai om my altyddeur nuwe krag te skenk.

GEDAGTE VIR DIE DAG:

30

Barmhartige God, leer my om U sagmoedigheid reg te begryp. Laat my besef dat dit die bron van ware krag is. Gee dat ek U krag daardeur so kan bewys dat ek die swakheid van ander tot hulp kan kom. Gee dat dit vir my 'n eer sal wees om saam te dra aan die las van my medemens.

GEDAGTE VIR DIE DAG:

31

Vader, ek dank U vir my daaglikse brood. Gee dat ek dit altyd met eerbied en dankbaarheid sal geniet. Voed my met die brood van die lewe. Laat my opgroei in U genade, en gee dat ek in die heiligmaking altyd vir Jesus sal volg.

GEDAGTE VIR DIE DAG:

Februarie

1

My Here, U laat my weer 'n nuwe maand begin in U genade. Gee dat ek hierdie maand in U Gees en tot U eer mag begin en voleindig. Help my om U wet te onderhou en om daarin vreugde te vind.

GEDAGTE VIR DIE DAG:

2

Almagtige God, gee dat U wil ook my wil is. Gee dat ek niks buiten U begeer nie. Laat alle ander vreugdes vir my tot bitterheid word. Gee dat ek slegs na dit mag hunker na wat heilig is en gee dat slegs dit wat goed is vir my, blydskap sal voorsien.

GEDAGTE VIR DIE DAG:

3

Vader, laat ek my sondes in die lig van U aangesig aanskou en nie in die skadu van enige menslike mening nie. In U lig alleen sien ek die lig. Stel my sondes in daardie lig sodat ek daarvoor bang word en hulle haat.

GEDAGTE VIR DIE DAG:

4

Vader, skenk my toegang tot U ryke besittings in al my nood en ellende. Laat U sterre skitter in my donker tye en stuur U engele om my in alle vervolging en beproewings te vertroos.

GEDAGTE VIR DIE DAG:

5

My Saligmaker, wees my tot hulp sodat ek in alles aan U heilige voorbeeld sal dink. Gee dat die woorde vat ek spreek aangenaam sal wees, en my vriendelikheid geheilig sal wees. Gee dat my veroordeling deur liefde versag sal word. Skenk aan my U gesindheid, o Here Jesus Christus.

GEDAGTE VIR DIE DAG:

6

My Here en my God, U wil ek eer en dien. Laat ek niks begeer wat nie vir U welbehaaglik is nie. Verlos my van alle baatsugtigheid en verhef my tot 'n lewe in die lig.

GEDAGTE VIR DIE DAG:

7

Heilige Vader, gee dat ek my erfenis in Christus Jesus omhels. Laat my deel kry aan die onuitputlike rykdomme van my Saligmaker. Trek die feeskleed vir my aan. Gee skoene aan my voete sodat ek die evangelie van vrede mag dien.

GEDAGTE VIR DIE DAG:

GEBED VIR NOG 'n NUWE DAG

8

Vader, as daar aan die begin van hierdie dag een of ander onreine bedoeling in my hart is, neem dit dan weg van my. Sou ek iets wens wat my naaste mag seermaak, laat dit deur U genade in my weggaan.

GEDAGTE VIR DIE DAG:

9

My God, ek dank U vir hierdie nuwe dag en vir al die genade wat U vandag aan my wil skenk. Laat vandag geen onvrugbare dag vir my wees nie. Help my om te begryp wat U aan my wil leer. Gee dat ek die vrug van hierdie dag ook môre mag ervaar.

GEDAGTE VIR DIE DAG:

10

Barmhartige Vader, laat my beeld as U dissipel tog nie leeg wees nie. Gee dat my naaste daar iets van kan gewaar. Maak my vriendelik, simpatiek, en opreg. Heilig my, sodat mense kan sien dat ek aan U behoort.

GEDAGTE VIR DIE DAG:

11

Vader, wat wil U vandag aan my oordra? Gee dat ek dit duidelik mag begryp. Gee vir my 'n luisterende oor en 'n opmerksame hart. Gee dat ek die waarheid tussen so baie valshede mag onderskei en U evangelie getrou mag liefhê.

GEDAGTE VIR DIE DAG:

12

Hemelse Vader, maak my siel heel. Laat my siel nie deur die gif van die wêreld vergiftig word nie. Bewaar my daarvan dat die geneigdheid tot die kwade in my groei. Genees my Here, dan sal ek werklik genees wees.

GEDAGTE VIR DIE DAG:

13

Vader, maak my ryk in die kennis van U waarheid. Skenk elke dag aan my nuwe krag uit U Goddelike Woord. Bewaar my van nietige en onwaardige gedagtes wat my innerlik skade kan berokken en die arbeid van my lewe nutteloos maak. Skenk aan my die sin en betekenis van Christus.

GEDAGTE VIR DIE DAG:

14

Vader, ek dank U vir al die weldade van hierdie lewe. Lei my om dit te kan sien en bymekaartel en lei my dat ek daarna kan strewe om van my lewe 'n voortdurende lofsang te maak.

GEDAGTE VIR DIE DAG:

15

O God, my Vader, red my van die onsekerhede en angs van hierdie wêreld en vervul my hart met voortdurende liefde en eerbied vir U. Sorg dat ek nie deur teenstrydige begeertes verskeur word nie. Laat my honger en dors na U, na U alleen.

GEDAGTE VIR DIE DAG:

16

Almagtige God, laat U Woord my gids wees. Ek wil daaraan vashou selfs wanneer dit vir my swaar is om daarvolgens te lewe. Help my om op die regte pad te wandel, ook wanneer dit moeilik en vol dorings is. Laat U wil geskied.

GEDAGTE VIR DIE DAG:

17

Vader, leer my om te bid sonder ophou. Gee dat my gemeenskap met U deur niks bederf word nie. Help my om by U te bly. Laat my woon in die beskerming van U vleuels.

GEDAGTE VIR DIE DAG:

18

Grote God, skenk aan my 'n sagmoedige gees. Laat my met sagte hande die wonde van die wêreld aanraak. Bewaar my van onchristelike strengheid en 'n liefdelose oordeel.

GEDAGTE VIR DIE DAG:

19

Heilige Gees, gee dat ek altyd aan U weldade sal dink en U daarvoor sal dank; dat ek my sonde nooit sal vergeet nie en altyd gehoorsaam sal bly; dat ek gedurigdeur aan U barmhartigheid sal dink en op U hoop. Gee dat ek altyddeur my oë sal ophef na die berge.

GEDAGTE VIR DIE DAG:

20

My Vader, gee dat U Heilige Gees vandag by my en in my dade sal wees. Maak elke dag vir my 'n Sabbatdag in volledige toewyding. Laat al my werk aan U toegewy wees.

GEDAGTE VIR DIE DAG:

21

Genadige God, laat die strale van U goedheid in my hart ontbrand. Bewaar my van louheid en onverskilligheid. Help my om by U te bly. Skenk U Heilige Gees aan my.

GEDAGTE VIR DIE DAG:

22

Almagtige God, ek kyk vol vertroue en verwagting na U. Laat my vandag in noue en tere gemeenskap met U wandel. U Woord is vir my 'n lig en U genade is my krag. In die krag van U liefde wil ek my medemens liefhê.

GEDAGTE VIR DIE DAG:

23

Vader, in U wil ek my verbly. Ek wil U nie net volg nie, maar ek wil dit ook met blydskap doen. Ek skep behae in U wet en om U wil te doen, gee my ware vreugde.

GEDAGTE VIR DIE DAG:

24

My Vader in die hemel, laat my deur middel van kragtige en heilige bande by my medemense inskakel. Bewaar my van alles wat tot tweespalt en onderlinge verwydering kan lei. Gee dat my gedagtes en woorde diensbaar sal wees aan die vrede van U kinders.

GEDAGTE VIR DIE DAG:

25

My Here en my God, verseker my van U vergifnis. Help my dat ek die sonde wat U my vergewe het, nou ook uit die diepste bodem van my hart haat en dat ek daar niks meer mee te make wil hê nie.

GEDAGTE VIR DIE DAG:

26

Hemelse Vader, laat U genade op my rus. Laat my vandag iets van U sterkte beleef. Verlos my van die afgesonderdheid van selfsug en help my om in U lieflike gemeenskap te bly.

GEDAGTE VIR DIE DAG:

27

Vader, U barmhartigheid reik oor al die werke van U hande. U barmhartigheid strek ook oor my. Help my om die wonderbaarlike genade wat my lewe in stand hou, te bevestig. Laat my tot die besef kom dat ek van dag tot dag alleen van U goedheid lewe.

GEDAGTE VIR DIE DAG:

28

Heilige Vader, laat vandag weereens U lig in my siel skyn. Laat die heerlikheid van U evangelie vir my altyd meer word en gee dat ek my met my hele hart daaraan sal toewy. Voed my met die brood van die lewe.

GEDAGTE VIR DIE DAG:

29

Vader, gee dat ek ook mag meewerk om U koninkryk hier op aarde te laat kom. Beskerm my dat ek nie U waarheid deur my wêreldgelykvormigheid sal hinder nie. Vorm my tot 'n ware dienaar van Christus.

GEDAGTE VIR DIE DAG:

Maart

1

Barmhartige Vader, ek loof en ek dank U dat U aan my oënskynlik waardelose daaglikse arbeid 'n ewige waarde wil toevoeg. Laat my werk gedra word deur die hoop op U hiernamaals.

GEDAGTE VIR DIE DAG:

2

Liefdevolle Vader van al wat lewe, versterk die onderlinge gemeenskap van U kinders. Voeg hulle harte aaneen en laat hulle almal één word in die erkenning van hulle gemeenskaplike ellende en nood, en ook in die dankbare blydskap oor die Verlosser wat vir hul almal gesterf het.

GEDAGTE VIR DIE DAG:

3

Here, vergewe my alles waarin ek tot nou toe misluk het en seën in my wat ooreenkomstig U wil en welbehae was. Help my om aan U getrou te bly en laat my einde beter wees as my begin sodat dit ook in die tyd van my aandskemering by my lig sal word.

GEDAGTE VIR DIE DAG:

GEBED VIR NOG 'n NUWE DAG   35

4

Vader, wanneer angs en prikkelbaarheid my oorval, lei my om in die skaduwee van U, die Almagtige, te vertoef. Maak my kalm en bedaard te midde van worsteling en ook wanneer ek versoek word.

GEDAGTE VIR DIE DAG:

5

My Here en Heiland, help my om U op hierdie dag met my hele hart te volg. Sorg dat ek nie sal beangs wees vir die kruis nie, maar dit gewillig op my sal neem wanneer U dit my oplê. Gee dat ek my lewe mag verloor om dit in die waarheid te beërwe.

GEDAGTE VIR DIE DAG:

6

Barmhartige Vader, ek dank U vir al die dinge wat die lewe mooi maak. U strooi soveel onverdiende weldade uit op my pad. Ek dank U ook in besonder vir die vriendelikheid van ander mense, ook vir al die mense wat vol is van liefde en sagmoedigheid.

GEDAGTE VIR DIE DAG:

7

Hemelse Vader, gee dat ek U teenwoordigheid belewe. Laat ek die bewys van U nabyheid ervaar asof 'n aardse vriend by my is. Gee aan my die soetheid van U nabyheid en gee dat ek dit nooit sal verloor nie.

GEDAGTE VIR DIE DAG:

8

Liefdevolle Vader, beskerm my van alle angs wat my gevange hou. Gee dat my lewe nie deur ongeloof vernietig word nie. Bewaar my sodat terugslae en sorge my nie na die verderf lei nie. Help my om by U te bly.

GEDAGTE VIR DIE DAG:

9

Here, maak my tot 'n tak van die ware wynstok. Help my dat ek U so kan eer en dat ek vrugbaar sal wees. Gee dat die armes en onrustiges troos en moed mag put uit my lewe.

GEDAGTE VIR DIE DAG:

10

Almagtige Vader, ek wil my dagtaak met U aanpak, versterk my swakheid deur U krag en gee my krag sodat ek met blymoedigheid U wil kan uitvoer.

GEDAGTE VIR DIE DAG:

11

Vader, beheer U vandag my lewe. Beskerm die ingangspoorte van my verstand. Beheer my sien en my hoor. Maak voorts my gedagtes onderworpe aan U wil. Lei my oor om U Woord te begryp.

GEDAGTE VIR DIE DAG:

12

Here, gee aan my die heerlike oortuiging dat ek deur my Heiland met U versoen is. Laat my soos 'n kind in U huis woon. Neem my op in U heilige gemeenskap en gee dat ek deel kan hê aan die vervullende gawes van U maaltyd.

GEDAGTE VIR DIE DAG:

13

Vader, laat my lewenstaak wees om U te dien. Heilig en reinig my werk vandag sodat dit my siel tot 'n seën mag wees.

GEDAGTE VIR DIE DAG:

14

My Heiland, skenk aan my sagmoedigheid en nederigheid van hart. Gee aan my 'n stil gees. Verlos my van innerlike onsekerhede en vertwyfeling. Skenk U vrede aan my.

GEDAGTE VIR DIE DAG:

15

Heilige Gees van liefde, verlig almal wat in ons vaderland enige invloed het. Gee U lig aan hulle wat deur woord of geskrif met ander praat sodat daar 'n reinigende en heilige krag van hulle mag uitgaan.

GEDAGTE VIR DIE DAG:

16

Barmhartige Vader, toon aan my hoe ek die ellende in hierdie wêreld kan verlig. Help my dat ek vandag 'n medemens, wat U op my pad stuur, se las minder swaar kan maak. Maak my vol met U medelye sodat ek die gebroke harte mag verkwik.

GEDAGTE VIR DIE DAG:

17

Vader, ek wil so graag my hele lewe aan U oorgee. Maak my gedagtes suiwer, my gevoelens sag en heilig U my wil.

GEDAGTE VIR DIE DAG:

18

Hemelse Vader, vestig my hart na U wil, sodat ek U Naam mag vrees. Verander alle weerbarstigheid in my tot gehoorsaamheid sodat geen wanklank die volkome harmonie versteur nie, maar alles in my U heilige Naam mag verheerlik en prys.

GEDAGTE VIR DIE DAG:

19

Ewige God en Vader, laat my winter verander in 'n lente. Laat dit wat binne in my koud en verstok is, ontdooi en smelt deur die gloed van U genade. Gee dat ek vir U sal lewe en vrug dra.

GEDAGTE VIR DIE DAG:

20

Heilige Gees, gee dat ek my met die verloop van tyd meer tot 'n volkome offerande aan U oorgee. Gee dat U genade mateloos in my werk. Laat U koninkryk tot my kom en deur my tot ander mense kom.

GEDAGTE VIR DIE DAG:

21

My Heiland, vorm my tot 'n kind van die lig. Beskerm my van onvergenoegdheid en klagtes. Laat my nooit 'n kind van sombere morbiedheid word nie. Vervul my met hoop en vreugde en laat ook ander mense nuwe moed put uit my blye versekerdheid.

GEDAGTE VIR DIE DAG:

22

O Vredevors, gee dat daar 'n einde aan die stryd onder die mense kom. Vat alle verskille tussen ons mense weg. Verlos ons van alle bitterheid en bevry ons van agterdog en wantroue.

GEDAGTE VIR DIE DAG:

23

Vader, wys aan my U lig in die mate waarin my oë dit kan verdra. Openbaar aan my siel iets van U heerlikheid en bring my tot 'n steeds dieper aanbidding en 'n voller oorgawe aan U.

GEDAGTE VIR DIE DAG:

24

Ewige God, as dit U wil is, kan U my ook reinig. Help my om te glo dat U selfs aan melaatses U reinheid kan skenk. Gee my die sekerheid dat deur die krag van Jesus die besoedeling van die wêreld weggeneem kan word. Gee aan my 'n rein hart en vernuwe 'n vaste gees in my.

GEDAGTE VIR DIE DAG:

25

Liefdevolle Vader, leer my om my kruis te dra. Gee dat ek nie sal poog om dit of te skud nie; dat ek nie die moeitelose weg van eie begeerte sal kies nie, maar die weg van verantwoordelikheid en plig, selfs wanneer dit vir my kruis en beproewing bring.

GEDAGTE VIR DIE DAG:

26

Ewige God, laat alles wat ek begin aan U geheilig wees. Vernuwe my gees sodat ek in 'n hemelse gesindheid my aardse werk mag verrig. Gee dat ek ernstig sal strewe na dit wat Bo is.

GEDAGTE VIR DIE DAG:

27

Vader van alle mense, verhoor my gebed wanneer ek bid vir my medemense oor die hele wêreld heen. Gee dat die lig van die kruis hulle oë verlig en in hulle harte opgaan sodat hulle las lig mag word.

GEDAGTE VIR DIE DAG:

28

Barmhartige en gekruisigde Heiland, wanneer die versoeking tot my kom, gee dan dat ek U smarte in herinnering mag roep sodat die my mag beskerm. Lei my om die sonde wat U so bitterlik bedroef, te haat. Help my om uit elke versoeking as oorwinnaar te treë.

GEDAGTE VIR DIE DAG:

29

Vader, laat U lig ook op die klein pligte van hierdie dag skyn, dan sal dit in hemelse skoonheid straal. Laat my besef dat daar ook op die eenvoudigste en geringste taak 'n Goddelike seën rus.

GEDAGTE VIR DIE DAG:

30

Ewige God, U het my met soveel geduld gedra, gee dat ek ook teenoor ander geduldig sal wees. Skenk aan my die seën van 'n onderdanige gees. Laat ek nie U bedoeling deur my eie gedagtes hinder nie. Gee dat ek rus in U sal vind en op U sal wag.

GEDAGTE VIR DIE DAG:

31

Barmhartige Heiland, versamel U die ellendige brokstukke van my lewe en vorm U daarvan iets wat goed is in U oë. Vergewe tog my trouelooosheid. Vergewe my alles wat ek versuim het om te doen. Gee dat U goedertierenheid en barmhartigheid my mag dra.

GEDAGTE VIR DIE DAG:

April

1

Hemelse Vader, open my oë vir die wonders van U genade. U weldade en die rykdom van U genade het egter vir my iets gewoons en alledaags geword. Lei my om weer die wonderbare daarin te kan herken sodat ek U kan loof en prys vir alles wat ek elke dag kan geniet.

GEDAGTE VIR DIE DAG:

2

Barmhartige God, ek glo dat U die Here, die Almagtige is. Lei my so dat my geloof nie slegs uit woorde alleen bestaan nie, maar voor U die waarheid is. Gee dat ek in alles wat ek doen aan U onderworpe sal wees en dat ek aan niemand anders gehoorsaam sal wees as aan U nie. Mag U wil geskied.

GEDAGTE VIR DIE DAG:

3

Opgestane Here en Heiland, gee dat ek vandag U kruisdood in herinnering roep. Gee dat ek in my liggaam die sterwe van U, Here Jesus, mag dra.

GEDAGTE VIR DIE DAG:

4

Genadige God, omring my onreine en verlore lewe in U genade met U ruim vergiffenis. Bevry my van die mag van die sonde. Spreek my vry van skuld en skenk aan my U salige vrede.

GEDAGTE VIR DIE DAG:

5

Barmhartige Vader, skenk aan my die gees van sagmoedigheid. Bewaar my van hardheid, onverdraagsaamheid en verwaandheid. Lei my om my kragte so te gebruik dat ek my naaste se kruis sal kan help dra.

GEDAGTE VIR DIE DAG:

6

My Saligmaker, gee dat ek die krag van U opstanding mag beleef. Trek my op uit my geestelike dood tot 'n nuwe lewe.

GEDAGTE VIR DIE DAG:

7

Hemelse Vader, skenk aan my alles wat ek nodig het deur U groot genade. Laat my nie twyfel en benoud wees vir die dag van môre nie, maar gee dat ek U vandag in getroue gehoorsaamheid sal dien. Gee dat Christus waarlik in my lewe.

GEDAGTE VIR DIE DAG:

GEBED VIR NOG 'n NUWE DAG

8

My Heiland, U het die moeite en die arbeid van hierdie aardse lewe geken. Seën ook my werk, sodat dit in sy doel slaag. Help my om dit vir U te mag doen, dat ek dit as offer aan U mag bring. Bewaar my van alle valsheid.

GEDAGTE VIR DIE DAG:

9

Hemelse Vader, gee dat ek my hemelse erfenis nie verloor nie, dat ek nie buite U gemeenskap, waar U tog die poort vir my oopgemaak het, bly staan nie. Gee dat ek in U my ware vaderland mag vind. Lei my om die vreugde en die vryheid van U kinders te mag ervaar.

GEDAGTE VIR DIE DAG:

10

Here Jesus, my Saligmaker, gee dat ek vandag saam met U kan opstaan uit die graf van die sonde. Gee dat my lewenswandel met U in die hiernamaals is. Hef my in U lig omhoog. Gee dat ek U heerlikheid mag sien.

GEDAGTE VIR DIE DAG:

11

Ewige God en Vader, U is die God van hoop. Laat iets van U lig op my skyn en verlos my van die onderwerping van die angs en twyfel. Leer my om U ken as die lig van die lewe.

GEDAGTE VIR DIE DAG:

12

My Saligmaker, vroeg in die môre hef ek my lied tot U op. Gee dat ek in vreugdevolle gehoorsaamheid steeds met 'n loflied vervul sal wees. Help my sodat ek my naaste nie deur somberheid of afsydigheid mag afskrik om U to volg nie. In U, o Here, wil ek my verbly.

GEDAGTE VIR DIE DAG:

13

Opgestane Here en Saligmaker, gee dat ek in U genade en in U kennis kan toeneem. Laat my steeds meer volkome die geheim van U lewe en sterwe verstaan. Gee dat ek saam met U in 'n nuwe lewe kan opstaan.

GEDAGTE VIR DIE DAG:

14

My Saligmaker, ek prys U omdat U vir my die lewe en die onsterflikheid verwerf het. Ek dank U dat U die voorhangsel weggeskeur het. Gee dat ek nou ook sal wandel soos dit 'n kind van die ewige God pas. Maak my waardig om U kind genoem te word.

GEDAGTE VIR DIE DAG:

15

Hemelse Vader, laat my seker word van my kindskap en laat dit vir my so heerlik en dierbaar wees dat ek U roeping waardig is en my nimmer uit vrye wil aan die sonde oorgee nie. Laat ek soos 'n kind van U lewe en gee dat daar niks laakbaars in my gevind sal word nie.

GEDAGTE VIR DIE DAG:

16

Ewige God, gee dat ek vandag U stem kan hoor. Gee dat U hemelse stem nie uitdoof word deur al die geroep van die wêreld nie. Help my dat ek U stem nie slegs in die stilte van my binnekamer hoor nie, maar ook tussen die gedrang van die mense rondom my.

GEDAGTE VIR DIE DAG:

17

My opgestane Here, gee dat ek die krag van U opstanding mag ervaar. Lig my uit bo die gedrang van hierdie wêreld. Verhef my tot 'n hemelse lewe sodat ek vir ander tot 'n seën mag wees.

GEDAGTE VIR DIE DAG:

18

Vader, gee dat ek vandag U gewillig gehoorsaam mag wees. Laat my werk my blydskap wees en U gebod my vreugde.

GEDAGTE VIR DIE DAG:

19

Heilige Vader, gee dat ek 'n kind van hoop sal wees. Gee dat my siel nie deur angs en ongeloof neergewerp sal word nie. Lei my om met geloof op die dagbreek te wag as ek in 'n donker dal vertoef. Laat die mense bemerk dat ek 'n vriend van Christus is.

GEDAGTE VIR DIE DAG:

20

Barmhartige Vader, steek die vuur van heilige liefde in my aan. Gee dat die gees van hierdie wêreld dit nie sal uitblus nie. Laat dit helder skyn nieteenstaande al die hindernisse. Lei my om getrou te wees tot die dood toe.

GEDAGTE VIR DIE DAG:

21

Heilige Vader, gee dat ek by U rus mag vind. Ek sou so graag van al die gejaagdheid en haas bevry wou wees en U volle vrede ervaar. Bevry my van alles wat my daarvan skei, van al die verkeerde drange en onwaardige kommer.

GEDAGTE VIR DIE DAG:

22

Vader, ek gee my liggaam aan U as offer. Help my dat ek tog nooit sal vergeet dat dit 'n tempel van die Heilige Gees is nie. Gee dat ek beheers, welvoeglik en verstandig sal lewe. Help my om te begryp dat die reëls van gesondheid ook Goddelike gebooie is.

GEDAGTE VIR DIE DAG:

23

God van krag, rus my toe vir die stryd van hierdie dag. Laat my nie met die eerste worsteling beswyk nie. Help my om in elke versoeking 'n oorwinnaar te kan bly. Gee dat ek deur Christus meer as oorwinnaar sal wees.

GEDAGTE VIR DIE DAG:

24

Hemelse Vader, buig U neer tot U volk. Laat hulle U heerlikheid aanskou, die waarheid bevestig te midde van al die valsheid en verdwasing wat hulle omsingel. Toon barmhartigheid aan almal wat U nie wil ken nie. Wek in hulle die verlange na heiligheid en vestig hulle voete op die pad van vrede.

GEDAGTE VIR DIE DAG:

25

Vader, gee aan my 'n gesindheid van broederlikheid. Verlos my van die onderwerping van selfsug. Gee aan my die vryheid van die liefde. Maak my hart ruim en gee dat ek U in my naaste tot dienaar sal wees.

GEDAGTE VIR DIE DAG:

26

Heilige Vader, leer my om die sonde te haat. Vestig my gedagtes op dit wat goed en suiwer is. Toon aan my altyddeur meer van U wonderbare heerlikheid en maak my aan U beeld gelykvormig.

GEDAGTE VIR DIE DAG:

27

Heilige Gees, laat U lig in my verstand skyn en bevry my van al die slegte gedagtes sodat ek begryp wat goed en kwaad is. In U lig sien ek die lig. Gee dat ek in U lig sal wandel.

GEDAGTE VIR DIE DAG:

28

Vader in die hemel, laat ek reeds van ver 'n uitsig op die troon van U lig verkry. Gee dat my lewe voortdurend meer met diepe eerbied vervul sal word. Gee dat ek sal lewe soos een wat die hemelse heerlikheid reeds ken en laat ek my jare nie in verwaandheid deurbring nie.

GEDAGTE VIR DIE DAG:

29

Here, my God, die arbeid van hierdie dag neem weer 'n aanvang. Help my om slegs suiwere bedoelings te hê met alles wat ek gaan doen en heilig my wense deur die besef van U genadige teenwoordigheid.

GEDAGTE VIR DIE DAG:

30

Barmhartige Vader, gee dat hierdie maand nie sal eindig sonder dat ek waarlik met U versoen is nie. Vergewe my al my ongehoorsaamheid en valsheid. Was my skoon deur U genade en gee dat ek die nuwe maand met 'n suiwer hart sal begin.

GEDAGTE VIR DIE DAG:

Mei

1

Vader, hef my omhoog na die lig. Gee tog dat ek nie in donkerheid ronddwaal nie. Verlig my hart en my gees deur U verblydende genade. Beheer U my gedagtes, woorde en werke sodat mense kan sien dat ek 'n kind van die lig is.

GEDAGTE VIR DIE DAG:

2

Ewige God, gee aan my die krag wat ek vir my dagtaak nodig het sodat ek dit nie in swakheid aanpak nie, maar in die krag van die lewende God. Gee dat ek my in U hulp verheug en my daarop verlaat sodat my hele lewe 'n loflied word.

GEDAGTE VIR DIE DAG:

3

Barmhartige Vader, maak my gees besorg en simpatiek deur U genade. Bevry my van die hardheid van wêreldliefde en van die onbarmhartigheid van verwaandheid. Skenk aan my die Gees van Jesus Christus.

GEDAGTE VIR DIE DAG:

4

Vader in die hemel, toon aan my die waarde van die klein dingetjies in die lewe. Leer my om U ook deur die klein dingetjies te verheerlik. Gee dat ek elke oomblik van hierdie dag in die lig van U aanwesigheid deur kan bring.

GEDAGTE VIR DIE DAG:

5

Heilige God, gee dat die heerlikheid van hierdie seisoen my hart tot lof en dank aan U opwek. Breek die mag van die winter binne-in my. Skenk U Gees aan my sodat die ryp en koue verdryf mag word en die blydskap van die Here by my mag intrek neem.

GEDAGTE VIR DIE DAG:

6

Vader, help my om die weg van die lewe met stewig treë te bewandel. Rig U moeë kind weer op en versterk my struikelende voete, sodat ek moedig vir U kan stry en U genade kan verkondig.

GEDAGTE VIR DIE DAG:

7

Hemelse Vader, skenk aan my die genade dat broederlike liefde onder mense mag groter word deur my lewe. Beskerm my daarvan dat die kloof tussen U kinders wyer sou word deur my toedoen. Gee dat ek eerder vriendskap en vertroue kan plant en versterk.

GEDAGTE VIR DIE DAG:

GEBED VIR NOG 'n NUWE DAG

8

Liewe Vader, Gee dat ek alles wat vir my veeleisend en onaangenaam is, rustig en kragtig kan bestry. Laat my teleurstellings vir my tot seën word.

GEDAGTE VIR DIE DAG:

9

Vader, help my om vandag 'n deugsame en vriendelike invloed uit te oefen. Gee dat ek deur my kalm geloof die bekommerdes mag verkwik en die moedeloses weer mag oprig. Laat ek deur my innerlike blydskap ander bly en opgewek mag maak.

GEDAGTE VIR DIE DAG:

10

Vader, gee dat ek sal onthou dat ek in my smart nie alleen is nie, maar dat U my sal ondersteun. U weet wat vir my van waarde is en hoeveel ek kan dra.

GEDAGTE VIR DIE DAG:

11

Ewige God, U seën is my vreugde en in U vrede vind ek rustigheid. Daarom bid ek U: wees my genadig. Gee dat ek ook deel mag kry aan U goddelike gawes. Skenk aan my krag uit U Woord vir die arbeid van hierdie dag.

GEDAGTE VIR DIE DAG:

12

Vader, leer my om die ewige in die verganklike te kan raaksien. Laat my deur die skynbeeld tot in die diepste wese van die dinge binnedring. Gee dat ek U Gees mag raaksien in die letter van die Woord. Gee dat ek u sal herken in al die dinge.

GEDAGTE VIR DIE DAG:

13

Almagtige God, laat die lig van U aangesig oor my skyn. Laat die liefde van God my hart verheug. Gee dat ek nie na menslike roem sal wens as ek maar net my Koning wil behaag nie. Laat U wil geskied.

GEDAGTE VIR DIE DAG:

14

Vader van die Lig, ek dank U vir elke mens wat my teregwys en waarsku; ook vir elkeen wat deur woord of geskrif my kennis vermeerder. Ek bring aan U die lof en eer toe vir alles wat my lewe verryk.

GEDAGTE VIR DIE DAG:

15

Vader van alle genade, ek dank U vir my daaglikse brood. Gee dat ek dit uit U hand mag aanneem en dit nie ontvang asof ek enige reg daarop sou hê nie. Gee dat dit vir my 'n aanduiding van U genade sal wees en gee dat ek dit as sodanig onderdanig en dankbaar sal geniet.

GEDAGTE VIR DIE DAG:

16

Vader, ek lê my sonde voor U aangesig neer. Breek die mag oor my siel af en los alles af wat ek misdrywe het uit U heilige Woord, om Jesus Christus ontwil.

GEDAGTE VIR DIE DAG:

17

Barmhartige God, ek bid vir al die jong Christene. Maak hulle sterk in hulle probleme. Gee dat hulle die mag van die Satan nie sal vrees nie. Gee dat hulle innerlike lewe sal groei in die lig van U genade.

GEDAGTE VIR DIE DAG:

18

Heilige Gees, maak U woning in my. Lei my in alle waarheid. Gee aan my 'n visie van die ewige heerlikheid. Gee dat die gebooie van die Here vir my 'n vreugde mag wees. Vorm my tot 'n getroue dissipel van Jesus Christus.

GEDAGTE VIR DIE DAG:

19

Vader, skenk aan my die lewendige en vreedsame wete dat ek 'n kind van U is. Help my om soveel van my roeping te dink dat ek niks veragteliks of onwaardigs sal doen nie. Laat my voet nie van U pad af gly nie.

GEDAGTE VIR DIE DAG:

20

Barmhartige God, gee dat ek vandag 'n kind van die lig sal wees. Laat my in U gemeenskap bly. Gee dat ek sal begryp hoe groot my erfenis in Christus is en gee dat ek my lewenspad sal wandel in die bruilofskleed van U Koninkryk.

GEDAGTE VIR DIE DAG:

21

Genadige Vader, vorm my siel en maak dit ontvanklik vir U Woord. Gee dat ek sal bewus word van U aanwesigheid en gee dat ek ook U sagste roepstem sal opmerk.

GEDAGTE VIR DIE DAG:

22

Saligmaker van die wêreld, ek bid vir almal wat U Naam verkondig. Versterk hulle ryklik deur U genade sodat hulle woordverkondiging met U krag vervul mag wees. Gee dat hulle U heerlikheid mag aanskou sodat hulle hul roeping kan vervul. Gee dat die wêreld hulle getuienis sal aanneem.

GEDAGTE VIR DIE DAG:

23

Vader, toon aan my hoe ek U waarlik kan dien. Gee dat ek my nie selfsugtig sal afsluit van ander mense nie. Gee dat ek die vreugde van selfverloëning mag ken en blymoedig en eerlik die heil van my naaste sal soek.

GEDAGTE VIR DIE DAG:

24

Heilige Gees, gee dat my gemeenskap met U steeds dieper sal word. Gee dat ek nie net daarmee ingenome wees nie dat ek die waarheid ken, maar dat ek in brandende liefde na U sal honger en dors. Openbaar die geheimenis van U dierbare teenwoordigheid aan my.

GEDAGTE VIR DIE DAG:

25

Vader, laat die heerlike lig van U evangelie my siel deurdring sodat die hemelse saad in my ontkiem en die bloeisels van al wat goed en suiwer is in volle verruklikheid openbaar mag word.

GEDAGTE VIR DIE DAG:

26

Heilige Vader, ek wy die werksaamheid van hierdie dag aan U toe. Druk die stempel van Jesus Christus daarop en verwyder alle selfbeheptheid daarvan, sodat ek nie in my daaglikse werk my naaste tot skade sal wees nie.

GEDAGTE VIR DIE DAG:

27

Vader, verlos my van alle angs wat my kragte vernietig. Gee dat ek slegs die sonde sal vrees en kragtig en onverskrokke vir die waarheid sal stry.

GEDAGTE VIR DIE DAG:

28

Genadige Vader, gee dat ek vandag mag deurbring soos dit U kind betaam. Gee dat die sekerheid van my kindskap my met heilige eerbied vervul en gee dat my lewe sy hoë roeping waardig mag wees.

GEDAGTE VIR DIE DAG:

29

My God, ek bid vir U Koninkryk. Help my om dit altoos inniger lief te hê en altyd getrouer daarvoor te mag opkom. Gee dat U krag in my openbaar sal word sodat ek met vreugde U getuie mag wees. Gee dat ek self die lieflikheid van U Koninkryk mag ervaar, sodat ek ook aan ander van die heerlikheid mag vertel.

GEDAGTE VIR DIE DAG:

30

Vader, gee dat ek vandag groot dinge sal verwag. Help my dat ek my nie koersloos deur die lewe sal laat voortdrywe nie, maar help my dat ek my oë sal oophou en op U wag sodat ek in alles wat heerlik en suiwer is U mag sien en U verskyning mag inwag.

GEDAGTE VIR DIE DAG:

31

Heilige Gees, U het gawes aan mensekinders uitgedeel. U het die gawes van vrede, van vreugde en rus. Ek kom tot U in my gebrek, sonder geld, sonder eie krag. Skenk aan my U genadeskatte en maak my vir ewig ryk.

GEDAGTE VIR DIE DAG:

Junie

1

Grote God en Vader, gee dat hierdie 'n maand van ryk innerlike groei vir my mag wees. Maak my hemelsgesind. Laat ek my nooit verlaag tot dit wat veragtelik en onrein is nie, maar dat ek in U krag sal soek na dit wat heilig is.

GEDAGTE VIR DIE DAG:

2

Heilige Gees, gee dat ek U teenwoordigheid mag aanvoel. Laat dit vir my nie net uit pragtige woorde bestaan nie, maar laat dit vir my 'n salige werklikheid wees. Ek wil my in U verbly en vreugdevol in U krag wees. Gee dat ek alles in U lig sal sien.

GEDAGTE VIR DIE DAG:

3

Hemelse Vader, gee dat ek getrou sal wees in my voorbidding. Lei my om die lyding van dié wat swaarkry en treurig is, te mag aanvoel en U te dank saam met hulle wat verheug is. Gee dat ek priesterlik vir hulle sal intree voor die troon van U genade.

GEDAGTE VIR DIE DAG:

4

Heilige Gees, heilig my hele lewe. Laat my daaglikse werk 'n gebed wees; gee dat ek altyd suiwerder en beter deur my arbeid word. Gee dat ek sal honger en dors na die geregtigheid.

GEDAGTE VIR DIE DAG:

5

Here Jesus, in U bly alle krag. Gee aan my die krag om opreg te kan bid. Gee dat ek my kan losmaak van hierdie aarde en my heeltemal op die ewigheid kan rig.

GEDAGTE VIR DIE DAG:

6

Hemelse Vader, laat my siel soos 'n blomtuin wees. Bewaar my van dorheid en onvrugbaarheid. Help my om nooit liefdeloos teenoor ander te word nie. Gee dat my godsvrug in U mag bloei en vrug dra.

GEDAGTE VIR DIE DAG:

7

Vader, gee dat hierdie dag vir my wins vir die hiernamaals mag bring, 'n nuwe blik op my taak, 'n nuwe oortuiging dat ek 'n kind van die Allerhoogste is.

GEDAGTE VIR DIE DAG:

GEBED VIR NOG 'n NUWE DAG 85

8

Hemelse Vader, ek dank U dat daar nooit einde aan U liefde is nie. Help my om te glo dat U liefde my ondersteun en my versterk vir my dagtaak. Ek dank U vir U barmhartigheid. Vervul my altyd meer met 'n selfverloënende en onbaatsugtige oorgawe aan U heilige wil.

GEDAGTE VIR DIE DAG:

9

Heilige Gees, ek dank U vir die lig van hierdie oggend. Gee dat dit in sy suiwere helderheid 'n beeld van my siel mag wees. Laat die lig van die ewigheid my hart deurdring. Dan kan ek vreugdevol wees en die lieflikhede van my God verkondig.

GEDAGTE VIR DIE DAG:

10

Vader, leer my om U wil te doen. Help my dat ek nie U bepalings deur my dwaasheid bederf nie. Gee dat my woorde geliefd mag wees sodat ander mense ook daardeur na U getrek kan word.

GEDAGTE VIR DIE DAG:

11

Heilige Vader, gee dat ek in stille eerbied voor U mag lewe. Laat my blye ure met heilige vrees vervul word en gee ook dat ek tydens vrolikheid nie sal vergeet dat ek U kind is nie. Gee dat Christus in my mag ewe.

GEDAGTE VIR DIE DAG:

12

Sterk en almagtige God, laat die besef van U krag sterker in my wees as die besef van my swakheid. Gee tog dat ek nie in my onmag die vyand sal teëgaan nie, maar maak my bevoeg deur U heerlike genade. Gee dat ek deur Christus sal oorwin.

GEDAGTE VIR DIE DAG:

13

Liefdevolle God en Vader, staan my by in die donker ure van die lewe. Gee dat die ure my vriende en nie my vyande mag wees nie. Laat hartseer en gemis my verryk in hemelse besittings. Gee dat die tydelike hartseer my vorm en voorberei vir U ewige heerlikheid.

GEDAGTE VIR DIE DAG:

14

Genadige God, wees vandag met my. Gee dat al my krag in U gewortel mag wees. Laat alles wat ek doen deurstroom word van U groot genade en al my woorde deurdring wees van U Gees.

GEDAGTE VIR DIE DAG:

15

Vader, gee dat ek in U Gees en U waarheid mag bid. Gee dat ek met eerbied tot U mag nader en dat my lewe mag vrugte dra U tot eer.

GEDAGTE VIR DIE DAG:

16

Barmhartige God, laat my vandag met U wandel en gee dat ek dit sal doen deur heilige bereidheid in U diens. Skenk aan my die bruilofskleed. Gee dat my woorde sewe keer gelouter mag wees in die heilige vuur van U Gees. Maak my waardig om U vriend te word.

GEDAGTE VIR DIE DAG:

17

Barmhartige Here, wys al my verborge gebreke aan my uit. Bevry my van die sonde waarop ek geen ag slaan nie. Maak my eerlik teenoor myself. Was my skoon van alle ongeregtighede.

GEDAGTE VIR DIE DAG:

18

My Heiland, laat my vandag in lewende gemeenskap met U staan. Gee dat ek U heilsgeheim mag bevestig. Openbaar aan my die verborge rykdom van U heerlikheid. Skenk my 'n suiwer hart sodat ek U mag sien.

GEDAGTE VIR DIE DAG:

19

Barmhartige Vader, gee dat ek dit wat edel en goed is altoos meer sal liefhê. Vat weg die skille van my oë en help my om alle dinge so te sien soos U dit sien. Skenk aan my die gesindheid van Christus.

GEDAGTE VIR DIE DAG:

20

Almagtige God, versterk my deur U vrede. Verlos my van alle skadelike kommer en besorgdheid. Gee dat my krag slegs daarop gemik sal wees om U wil te doen. Dan sal ek aanhoudend goeie vrugte dra.

GEDAGTE VIR DIE DAG:

21

Vader, gee dat ek groei in U kennis deur Jesus Christus. Gee dat ek ook in my daaglikse werk Sy heerlikheid mag aanskou. Skenk aan my 'n altoos groter begeerte na sy genade.

GEDAGTE VIR DIE DAG:

22

Hemelse Vader, skenk U genade aan my sodat ek al die sonde sal haat. U weet hoe dikwels ek nog 'n verborge verlange daarna koester. Skenk aan my 'n nuwe gees sodat ek in alle eerlikheid opreg van die sonde sal wegvlug.

GEDAGTE VIR DIE DAG:

23

Heilige Vader, seën my sodat ek ook vir ander tot 'n seën word. Gee dat daar strome van lewende water van my mag uitstroom. Gee dat ek aan mense in hulle moeitevolle lewe iets van 'n waaragtige vreugde mag bring.

GEDAGTE VIR DIE DAG:

24

Ewige God, ek dank U dat U die aarde so mooi geskape het. Ek wil U prys omdat alles rondom my U majesteit verkondig. Maak my oë oop sodat ek U heerlikheid mag aanskou. Skenk aan my siel die gees van aanbidding, sodat ek na U gelei kan word deur al die skoonheid van hierdie wêreld.

GEDAGTE VIR DIE DAG:

25

Vader, lei my sodat die wêreld vandag nie sy stempel op my kan afdruk nie, maar stel my deur U genade in staat om saam te werk aan die ommekering van die wêreld na U beeld.

GEDAGTE VIR DIE DAG:

26

Grote God, leer my hoe ek in heilige vrees voor U moet wandel. Bewaar my vir ydel gepraat, vir ligsinnigheid en oppervlakkigheid wanneer ek tot U bid, maar laat my in die gees altyd voor U kniel. Gee dat ek U troon van ver mag sien.

GEDAGTE VIR DIE DAG:

27

Barmhartige Vader, gee dat hierdie dag 'n goeie begin en 'n goeie einde het. Lei my om al die gebreekte drade van heilige voornemens weer saam te bind, sodat ek hierdie dag in volle oorgawe aan U kan afsluit.

GEDAGTE VIR DIE DAG:

28

Vader, gee dat U Heilige Gees my elke uur van hierdie dag mag begelei. Gee dat Hy my gedagtes sal verlig, my hart sal ontdooi en my leer wat ek moet dink en sê. Lei my sodat ek U Gees nie in woord of daad sal bedroef nie.

GEDAGTE VIR DIE DAG:

29

Almagtige God, lei my volgens U raad. Bewaar en bestuur my sodat ek nie deur dwase besluite my lewe bederf nie. Gee dat ek na U sal opkyk en skenk Christus se gesindheid aan my. Gee dat ek U wil sal ken en sal navolg.

GEDAGTE VIR DIE DAG:

30

My Saligmaker, gee dat U Heilige Gees my vandag sal deurdring en maak my siel gesond deur Sy genadige werking. Lei my om in die vrese van die Here te lewe.

GEDAGTE VIR DIE DAG:

Julie

1

Barmhartige Vader, ek hef my hart op tot U. Gee dat my hart hierdie hele dag op die hoogte van U gemeenskap mag bly. Help my dat my gedagtes nie na onwaardige dinge afdwaal nie. Gee dat ek sal konsentreer op dit wat in die hemel is.

GEDAGTE VIR DIE DAG:

2

Ewige Vader, Fontein van lig en vrede, skenk vandag U hemelse rus aan my en aan almal wat U aanbid. Verander ons besorgdheid in vertroue, ons vrees in die vrede en blydskap van U gemeenskap.

GEDAGTE VIR DIE DAG:

3

Hemelse Vader, gee dat ek my oë op U sal vestig, ook in my daaglikse werk vir my daaglikse brood. Bewaar my daarvan om alles wat verganklik is na te jaag. Gee tog dat ek my eerlik sal rig na dit wat Bo is.

GEDAGTE VIR DIE DAG:

GEBED VIR NOG 'n NUWE DAG

4

Barmhartige Vader, lei my in alle waarheid. Bewaar my van selfbedrog en ongeestelike verwaandheid. Gee dat my hart sal oopgaan vir U waarheid. Gee dat ek U lig bo alles sal soek en liefhê.

GEDAGTE VIR DIE DAG:

5

Genadige Vader, gee dat ek barmhartig mag word soos wat U barmhartig is. Verander my gesindheid en maak my vol medelye en liefde waar daar hartseer en angs is. Help my om troos en verkwikking te bring aan kinders wat ly.

GEDAGTE VIR DIE DAG:

6

Vader, ek bied aan U my lewe met al sy gebreke en onsuiwerheid. Betoon U medelye aan my. Red my van die smart van twyfel en gee aan my die begeerte na U wat tot 'n volslae oorgawe aan U heilige wil sal lei.

GEDAGTE VIR DIE DAG:

7

Hemelse Vader, hoe heerlik is U werke in die hele wêreld. U laat die gras op die berge groei en U maak die vlaktes met blomme vol. Die hele aarde is U eiendom. Gee dat U heerlikheid my voor oë sal wees totdat ek wakker word met U lieflike beeld.

GEDAGTE VIR DIE DAG:

8

Almagtige God en Vader, Fontein van alle seën, trek my hart tog genadig tot U omhoog. Gee dat ek een mag wees met U in die diepste wese van my siel. Beheer U al my gedagtes en vernuwe U al my begeertes.

GEDAGTE VIR DIE DAG:

9

Vader van alle barmhartighede, laat U Gees onder ons gesag voer. Laat owerhede en regerings aan U ondergeskik wees. Seën ons regering. Laat almal aan wie U mag gee, slegs ten doel hê wat goed en behaaglik in U oë is.

GEDAGTE VIR DIE DAG:

10

My Vader, ek wil U loof en prys. Gee dat ek U weldade sal erken en mag die geklank van heilige vreugde altoos meer in my siel weerklink. Lê ook vandag 'n nuwe loflied in my mond.

GEDAGTE VIR DIE DAG:

11

Heilige Gees, laat my alles wat ek so maklik vergeet weer in die gedagte oproep. Heilig my geheue sodat dit die goeie onthou en niks van sy waarde verloor nie. Help my dat ek vandag nie weer hoef te leer wat ek gister geleer het nie.

GEDAGTE VIR DIE DAG:

12

Vader, skenk my die vaste vertroue op 'n lewe van oorwinning. Gee dat ek te midde van al my foute nooit in wanhopigheid sal verval nie. Maak my vertroue sterk sodat ek in U beeld mag ontwaak. Lei my om uit die rykdom van U beloftes nuwe moed te skep sodat ek nooit bevrees hoef te wees nie.

GEDAGTE VIR DIE DAG:

13

Vader, gee dat U hemel steeds vir my oop mag wees. Skenk aan my 'n wye blik op U heerlikheid. Gee dat ek dit telkemale weer sal sien en daarna verlang. Gee dat dit elke dag my voedsel en drank mag wees.

GEDAGTE VIR DIE DAG:

14

My Heiland, omvorm my tot een van U getroue dissipels sodat ek U nie in die tyd van beproewing verlaat nie. Gee dat ek my kruis dienswillig dra en nie die breë pad uitsoek nie.

GEDAGTE VIR DIE DAG:

15

Vader, laat die einde van my weg vir my heerliker wees as die begin daarvan. Gee dat dit in die aandskemering van my lewe lig mag wees. Laat U vergewende liefde al die wolke om my wegdryf.

GEDAGTE VIR DIE DAG:

16

Liewe Vader, help my om U wil te doen. Gee dat ek alle dinge in U lig mag sien. Bevry my lewe van die werke van die duisternis; van alles wat in die donker verberg is. Skenk aan my U Goddelike lewe sodat ek my naaste waarlik mag dien.

GEDAGTE VIR DIE DAG:

17

God, enkel lig, verlig U genadiglik my gees. Dra my as dit donker om my word, wanneer my krag dreig om te weg te kwyn. Gee dat U Gees my mag bystaan sodat ek kan lewe en wandel as 'n kind van die lig.

GEDAGTE VIR DIE DAG:

18

Vader, help my om teenoor U dankbaar te wees. Wys aan my die rykdom van U genade, sodat ek U sonder ophou kan loof en prys. Red my van die gees van onvergenoegdheid.

GEDAGTE VIR DIE DAG:

19

Vader, gee dat ek nie sal vergeet dat ek tot een groot familie behoort nie. Gee dat hulle deur my lewe blymoediger mag word. Laat nie 'n enkele een deur my ontrouheid, vertroosting en vreugde smart ervaar nie. Help my sodat ek ander kan help.

GEDAGTE VIR DIE DAG:

20

Ewige God, gee dat ek iets mag beleef van die krag van die ewige lewe. Gee dat die hoop van die heerlikheid my in lydsaamheid en volharding versterk sodat ek my einddoel steeds in sig hou en nie uitgeput raak nie.

GEDAGTE VIR DIE DAG:

21

Vader, help my om aan die mag van die onsienlike te glo. Wanneer hierdie aardse lewe vir my so skrikwekkend werklik voorkom en die hiernamaals so onseker, openbaar U dan aan my. Skenk aan my volslae geloofsekerheid.

GEDAGTE VIR DIE DAG:

22

Hemelse Vader, lei my om U gebooie in my hart te kan onderhou. Bevry my van alle begeerte na die sonde, van alles wat my lewensbeskouing vertroebel. Maak my volkome opreg en geheel en al suiwer, ook daar waar slegs U oë my aanskou.

GEDAGTE VIR DIE DAG:

23

God van alle krag, sien genadig op my tekortkominge neer. Gee dat die slegte my nie sal oorwin nie, maar rus my toe met U groot krag. Gee dat ek onoorwinlik sal wees deur U grote genade.

GEDAGTE VIR DIE DAG:

24

Barmhartige Vader, ek dank U vir U Woord. Gee dat ek die skatte daarvan vir my mag toeëien. Gee dat U beloftes my geloof sal versterk sodat ek die weg wat vir my beskik is, lankmoedig en gehoorsaam sal volg en altyddeur sal opsien na Jesus.

GEDAGTE VIR DIE DAG:

25

Vader, maak my hemelsgesind. Lei my om in die gemeenskap met Christus te bly. Gee dat ek Sy heerlikheid mag sien. Gee dat Sy skoonheid my hart sal oorwin en vervul in volkome oorgawe.

GEDAGTE VIR DIE DAG:

26

Barmhartige Vader, lei my om te kan glo dat ek wat 'n swakkeling is in Christus, groot dinge kan doen. Gee dat ek nie sal vergaan in aardse nietighede nie, maar maak my 'n kind van die onsterflike verwagting. Laat ek voortdurend naderkom aan die groot doeleinde van my lewe.

GEDAGTE VIR DIE DAG:

27

Vader, gee dat ek U elke oggend opnuut sal dank. Help my om U genade voortdurend meer te bevestig sodat my loflied nooit sal stom word nie. Vorm my as 'n singende kind van U.

GEDAGTE VIR DIE DAG:

28

Vader, ek hunker na die water van die lewe. Laat dit vandag as 'n verfrissende stroom in my lewe sigbaar word sodat dit my van al my sondes was, die goeie in my bekragtig en alles wat dreig om af te sterf, opnuut lewend te maak. Gee dat ek soos 'n blomtuin mag wees.

GEDAGTE VIR DIE DAG:

29

Vader, gee dat ek vandag in U mag rus. Gee dat ek nie iesegrimmig sal raak nie. Gee dat ek kalm en getroos op U werke sal wag, totdat die wolkkolom beweeg en ek U mag volg.

GEDAGTE VIR DIE DAG:

30

Barmhartige God, ek bid vir almal wie se lewens vol ontnugtering is, wat nooit eens die soetheid van aardse welslae mag ervaar nie. Wees U hulle genadig en bewaar hulle hart van wrewel en bitterheid. Laat U gemeenskap 'n onmeetlike ryk beloning vir hulle wees.

GEDAGTE VIR DIE DAG:

31

Vader, verseker my van U volslae vergiffenis. Gee dat die sonde van gister my nie vandag opnuut bedreig nie. Was my skoon van alle skuld en gee dat ek die sonde sal haat. Gee dat ek voor U mag staan in die wit kleed van U geregtigheid.

GEDAGTE VIR DIE DAG:

Augustus

1

O Here my God, gee dat ek die asem van U teenwoordigheid kan voel. Lei my siel om U sagste wenk te verstaan en elke hemelse roepstem te kan hoor. Help my dat ek te midde van die gedrang van die wêreld die klokkespel van die hiernamaals kan hoor.

GEDAGTE VIR DIE DAG:

2

Barmhartige Vader, skenk U sagmoedigheid aan my. Maak my vol met vreugde en liefde. Gee dat hardheid en bitterheid my siel sal vermy. Laat my hart die vrugte van die Gees voortbring tot verheerliking van U Heilige Naam.

GEDAGTE VIR DIE DAG:

3

Vader, laat ek my in die heerlikheid van die natuur verbly. Gee dat die prag my hunkering mag opwek na die skoonheid van 'n heilige lewe sodat ek vrugte van die Gees mag voortbring.

GEDAGTE VIR DIE DAG:

4

Vader, gee dat ek deur niks oorval en oorwin sal word nie. Laat sukses nie as 'n gif op my siel lê nie en ontnugtering my nie verbitter nie. Gee dat alle dinge my ten goede mag wees sodat ek tot U eer kan ontwikkel.

GEDAGTE VIR DIE DAG:

5

Vader in die hemel, wees vir 'n my toevlug as my vyande my bedreig. Laat ek onwankelbaar bly in die tyd van versoeking en nie angsbevange raak as die gevaar aankom nie. Skenk U vrede as waarborg aan my dat ek aan U behoort.

GEDAGTE VIR DIE DAG:

6

Hemelse Vader, gee dat ek vandag iets, al is dit ook hoe nederig, vir U mag doen. Gee dat my werk vir ander tot 'n seën sal word. Laat al my woorde en dade met heilige krag vervul wees. Gee dat ek 'n afbeelding van U mag wees.

GEDAGTE VIR DIE DAG:

7

My Vader, gee dat ek ag sal slaan op die stem van die Meester, ongeag of dit my tot 'n onaangename taak roep of my aan 'n taak toewys wat ek van hou.

GEDAGTE VIR DIE DAG:

8

My God en Vader, gee dat die arbeid van hierdie hele dag aan U toegewy sal wees. Ek erken met skaamte voor U dat my daaglikse doen en late telkens my belydenis tot skande maak. Skenk U Gees aan my sodat my werk geheilig mag word en ek in alles 'n werktuig van U genade mag wees.

GEDAGTE VIR DIE DAG:

9

Heilige Gees, deurdring my siel met U heerlikheid. Gee dat die bose in my sal doodgaan en die goeie in my sal groei en vrug dra. Versier my met hemelse prag. Laat my hele lewe verheerlik word deur U genade.

GEDAGTE VIR DIE DAG:

10

Barmhartige God, laat my lewe onophoudelike vrugte dra. Gee dat dit nooit tot dorheid sal verval nie. Laat my altyd oes, ook in tye van hartseer en ontnugtering. Laat my foute my tot 'n seën word en gee ook dat my verdriet en selfs ook my smart tot U eer mag strek.

GEDAGTE VIR DIE DAG:

11

Vader, gee dat ek sal honger en dors na U. As ek in die gebed verswak, vervul dan my siel met heilige verlange. Skenk U vrede aan my. Skenk U vreugde aan my.

GEDAGTE VIR DIE DAG:

12

Barmhartige Vader, gee dat ek U roem sal verkondig deur U skepping. Gee dat die heerlikheid van die natuur my met liefde en eerbied mag vervul. Laat die wondermooie hemelruim my heenwys en heentrek na my nog heerliker Saligmaker.

GEDAGTE VIR DIE DAG:

13

My Here en Meester, heilig my lippe sodat ek net lieflike dinge sal uiter en my medegelowiges daardeur verkwik en versterk mag word.

GEDAGTE VIR DIE DAG:

14

Almagtige God, ek dank U vir U heilige gemeenskap wat U aan my wil skenk. Spreek tot my wanneer ek nie tot U spreek nie. Nader my wanneer ek ver van U is en gee dat ek U genade mag sien wanneer ek dit nie verwag nie. Gee dat ek waaksaam sal wees en altyd op U sal wag.

GEDAGTE VIR DIE DAG:

15

Vader, gee dat sondaars vandag U vrede mag vind. Gee dat vermoeide harte tot rus mag kom. Versterk die vermoeides en beswaardes deur U krag. Gee dat ek ook aan U gawes deel mag kry.

GEDAGTE VIR DIE DAG:

16

Hemelse Vader, lei my om U wil te bevestig ook in die nietige dinge van die daaglikse lewe. Gee dat ek ook daarin trou sal wees teenoor U. Gee dat ek U eer sal soek, ook wanneer my werk klein en onbeduidend lyk. Maak my getrou in die geringste dingetjies.

GEDAGTE VIR DIE DAG:

17

Barmhartige Vader, ek bid vir almal in wie die sonde sterker as die genade is. Lei hulle om te kan verstaan dat Christus groter is as Satan en dat hulle in Hom tot alles in staat is.

GEDAGTE VIR DIE DAG:

18

Heilige God, gee dat my gewete steeds sagter mag word. Verlos my van klein oortredinge wat ek so dikwels geringskat en wat tog die gemeenskap met U herhaaldelik versteur. Reinig my ook van my verborge sondes.

GEDAGTE VIR DIE DAG:

19

Hemelse Vader, ek smeek dat die geheimenis van U vrede my hart mag binnekom. Maak my stil in U teenwoordigheid. Skenk aan my die water van die lewe.

GEDAGTE VIR DIE DAG:

20

Vader, gee dat elke oomblik van elke dag U verheerlik. Laat dit die voortreflikste dag vir my wees. 'n Dag waarop ek vir U die meeste vrug dra, naamlik die vrug van goedhartigheid, van geregtigheid en van waarheid.

> GEDAGTE VIR DIE DAG:

21

Vader, gee dat ek kan glo dat U die mag het om volkome salig te maak. Verlos my van die onderwerping van my slegte gewoontes. Gee dat ek die weg van geregtigheid met vreugde mag bewandel. Laat my siel hom in die Here verheug.

> GEDAGTE VIR DIE DAG:

22

Barmhartige Vader, ek bid vir al die siekes. Dink aan hulle lyding en baie beproewings. Gee dat ek sagmoedig en medelydend sal word, sodat ek U deur hulle mag dien. Maak my 'n kind van U wat vertroosting bring.

GEDAGTE VIR DIE DAG:

23

Hemelse Vader, ek dank U dat die aanbreek van die hiernamaals naderkom. Die lang nag gaan verby. Die hartseer sal eindig en die trane wat in die donker dal gestort is, sal glinster soos die dou met die sonopkoms.

GEDAGTE VIR DIE DAG:

24

Barmhartige God, gee dat my hart 'n suiwer klank mag gee, omdat dit U lof verkondig. Bevry my lewe van die wanklanke van ontevredenheid en besware. Gee dat U genade groot en heerlik in my mag word, sodat my lippe U Majesteit mag besing.

GEDAGTE VIR DIE DAG:

25

My Heiland, toon U weg aan my. Wees my naby, onderrig my hoe ek Christelik moet lewe. Gee dat ek my oë voortdurend op U mag rig. Maak my 'n goeie student van U.

GEDAGTE VIR DIE DAG:

26

Vader, maak my bekwaam vir hierdie dag. Gee dat niks my bevrees sal maak nie, dat niks my geloof sal laat wankel nie. Laat my stil wees in U en geduldig op U wag.

GEDAGTE VIR DIE DAG:

27

Barmhartige Heiland, gee dat die fonteine van menslike barmhartigheid tog oral verkwikking en vertroosting sal bring. Neem weg die liefdeloosheid wat as 'n skeidsmuur tussen die mense staan. Laat U Koninkryk kom. Gee dat my oë iets mag aanskou van die heilige broederliefde wat U deur U dood moontlik gemaak het.

GEDAGTE VIR DIE DAG:

28

Barmhartige God, dink aan my in hierdie dag se werksaamhede. As dit U wil is, gee dat ek goeie werk mag lewer en gee dat ek niks halfpad sal doen nie. Gee dat ek U sal prys deur my werk en vir ander tot 'n seën sal wees.

GEDAGTE VIR DIE DAG:

29

My Here en Heiland, skenk U vrede aan my. U weet hoe gou ek bevrees raak, hoe elke gevaar my verskrik. Gee dat ek ook in die storm rustig sal bly en onder ontnugtering stil sal wees. Ek wil so graag glo en nie bevrees wees nie. Kom my tekortkominge tot hulp.

GEDAGTE VIR DIE DAG:

30

Almagtige God, Gee tog dat ek na U wil sal vra en dit sal najaag. U alleen is tog die bron van my krag. Gee dat ek aan U gebonde bly, dan sal my siel in oorvloed behae skep.

GEDAGTE VIR DIE DAG:

31

Barmhartige Vader, ek wil so graag aan almal dink wat pyn en lyding verduur. Skenk aan my die regte simpatie met hulle. Wees met U troos by almal wat ongesteld is. Gee dat hulle die genesende krag van U teenwoordigheid mag ervaar. Ontferm U oor almal wat worstel en wie terneergedruk is en help hulle om die geloof te behou.

GEDAGTE VIR DIE DAG:

September

1

Ewige Vader, gee dat my geloof vandag sal vrug dra. Rus my toe met 'n krag wat oorstroom sodat ook my naaste daaraan deel mag hê. Gee die gees van selfopoffering aan my sodat ek gewillig sal wees, as dit U wil is, om ook vir ander te ly. Lei my om as 'n dienende kind van U te wandel.

GEDAGTE VIR DIE DAG:

2

Vader, wees met my, waar ek ook gaan. As daar verskeie paaie voor my ooplê en ek onseker is watter een om te volg, wys my dan die pad van die lewe en gee dat ek dit mag bewandel.

GEDAGTE VIR DIE DAG:

3

Hemelse Vader, gee dat U lig my by al die kommer van die lewe sal begelei. Help my om my lewenstaak in daardie lig te kan sien. Gee dat dit oor my skyn op die berge en in die vlaktes, in blydskap en in teëspoed. My hemelse Lig, skenk aan my U glans.

GEDAGTE VIR DIE DAG:

4

Barmhartige Vader, heilig die dagtaak van alle mense sodat dit tot U eer sal vrug dra. Gee dat ons nie afgestomp en onverskillig word sonder ons laste nie, maar eerder beter en meer liefdevol. Gee dat ons met ons gewone werk U steeds mag dien.

GEDAGTE VIR DIE DAG:

5

Vader, bevry my hart van alle wrewel. As ek hierdie dag met 'n nukkerige gemoedstoestand wil begin, verdryf dan hierdie stemming deur die son van U liefde. Gee dat alle kleingeestigheid en bitterheid in die gloed van 'n eg hemelse stemming sal wegsmelt.

GEDAGTE VIR DIE DAG:

6

Vader, ek wil vandag vir hulle, wat ek so maklik vergeet, bid. Ek doen voorbidding vir almal wie ek nie liefhet nie. Bewaar my van my eie gevoelens. Heilig my neigings en maak my barmhartig. Skenk aan my 'n suiwer hart wat U beeld sal soek en eien.

GEDAGTE VIR DIE DAG:

7

My Here en Saligmaker, bron van alle lig, verlig my ook. Maak my 'n kind van die lig. Gee dat ek in die lig mag wandel soos U in die lig is.

GEDAGTE VIR DIE DAG:

8

Hemelse Vader, die werk wag weer op my en ek weet nie watter kwellinge en watter seëninge vir my weggelê is nie. Gee dat ek my dag met U sal begin en gee dat ek nie sal wegdwaal na die onbekende pad van U af nie. Lei my om getroos en geesdriftig te poog om U wil te doen.

GEDAGTE VIR DIE DAG:

9

Barmhartige Vader, U het U vrede aan die mense beloof. Gee dat ek dit ook mag ken. Gee dat ek my nie met die opbeuring van die wêreld tevrede stel nie, maar dat ek eerder na U sal verlang. Skenk aan my U vrede wat alle verstand te bowe gaan.

GEDAGTE VIR DIE DAG:

10

Here my God, ek honger na U, die Brood van die lewe. Gee dat daar binne in my 'n heilige verlange na U hemelse gawes wakker gemaak sal word. As ek onwillig word, gee dat ek my verlangens op U gerig sal hou. Gee dat ek vir die geregtigheid sal lewe en nie weer in die sonde sal bly nie.

GEDAGTE VIR DIE DAG:

11

Vader van barmhartigheid, gee dat ek nooit sal vergeet dat ek 'n kind van die genade is nie. Laat die oortuiging van U liefde in my lewend bly. Gee dat ek U teenwoordigheid sal ervaar en gee dat ek op U koms sal wag.

GEDAGTE VIR DIE DAG:

12

Almagtige God en Vader, versterk my geloof, my hoop en my liefde. Gee dat ek U pad nie mismoedig sal bewandel nie, maar wel met 'n vaste en moedige pas. Gee dat ek tot diegene behoort wat weet wat hulle roeping is, wat hulle mikpunt voor oë hou en die verskyning van hul Meester inwag.

GEDAGTE VIR DIE DAG:

13

Vader, skenk aan my die geestelike krag in Christus. Neem al my nietige, baatsugtige gedagtes weg en maak my hart ruim en vol liefde sodat my naaste daarin mag woon.

GEDAGTE VIR DIE DAG:

14

Barmhartige Vader, skenk aan my die krag van lankmoedigheid. Bevry my van alle liggeraaktheid. Bewaar my van skerp, onvriendelike woorde, van alle baatsugtigheid en liefdeloosheid. Gee dat ek my medemens sal dien sonder om aan myself te dink.

GEDAGTE VIR DIE DAG:

15

Vader, gee dat ek in U lig mag wandel. Wanneer ek nie na U opsien nie, raak ek die pad byster en sondig ek. Vat my nie weg voor U genadige aangesig nie.

GEDAGTE VIR DIE DAG:

16

Ewige God, ek prys U Naam. U pad is deur diep waters, maar U geregtigheid staan vas soos die berge. Ek dank U dat ek oortuig mag wees van U getrouheid, ook wanneer ek dit nie kan voel nie. Ook die donker wolk is alleen die mantel van U genade.

GEDAGTE VIR DIE DAG:

17

Vader, sien in barmhartigheid op my lewe neer wat tot nou toe verbygegaan het. Vergewe my verbreekte beloftes, my traagheid in U diens, die oppervlakkige hunkering in my na U waarheid. My sondes maak my bedroef. Help my dat ek U opnuut weer mag navolg.

GEDAGTE VIR DIE DAG:

18

Liewe Vader, ek dank U vir die kinders wat rondom my is. Ek dank U vir die vreugde wat hulle in hierdie moeitevolle lewe bring. Ek dank U vir die sonskyn wat deur hulle toedoen so dikwels in uitgeputte en treurige harte skyn. Gee dat ook my hart deur hulle jonk en vrolik mag bly.

GEDAGTE VIR DIE DAG:

19

Ewige God en Vader, verlig my oë deur U waarheid. Lei my om al die dinge helder in U lig te kan sien. Bewaar my van dwaling en verkeerde paaie. Skenk aan my die geestelike krag van Christus.

GEDAGTE VIR DIE DAG:

20

Heilige God, gee dat ek die ware geluk sal erken. Help my dat ek nie die prooi van wêreldse verwaandheid sal word nie. Gee dat ek heiligheid meer ag as goud. Gee dat ek die ewige dinge mag najaag totdat ek dit ontvang het.

GEDAGTE VIR DIE DAG:

21

Hemelse Vader, skenk aan my die krag vir die werk van hierdie dag. Ek dank U dat ek dit nie vergeefs van U hoef te vra nie. Rus my toe vir my plig met krag en genade. Gee dat ek met my hele hart in U sal glo. Lei my om in heilige vertroue te wandel en vrug te dra.

GEDAGTE VIR DIE DAG:

22

Heilige Vader, gee dat ek vandag op U sal wag. Gee dat ek mag erken dat U tot my kom in my vreugde en in my smart, in sonskyn en in donkerheid, in rus en in werk.

GEDAGTE VIR DIE DAG:

23

Barmhartige Vader, ek loof U getrouheid waarmee U my sonder ophou liefhet. Vergewe my onverskilligheid en louheid in die geloof. Maak U verbond met my weer nuut. Lei my om opreg en standvastig te kan wees.

GEDAGTE VIR DIE DAG:

24

Barmhartige Vader, leer U kinders die geheim van waaragtige vordering, om te groei in Christus, U geliefde Seun. Bewaar ons van menslike verwaandheid, hoogmoed en selfbeheptheid. Vorm ons as kinders van die vrede. Skenk aan ons die heilige krag van 'n vaste geloofsvertroue op U.

GEDAGTE VIR DIE DAG:

25

Vader, gee dat ek vandag in die nederige pligte, verrigtinge en ervarings van die daaglikse lewe, U stem mag hoor.

GEDAGTE VIR DIE DAG:

26

Hemelse Vader, gee dat ek vandag op die ware geestelike hoogte mag kom. Vergewe my foute en my onverskilligheid. Gee aan my voetstappe sterkte en vastigheid sodat ek, deur U gesterk en gedra, kan opgaan tot die hoogtes van 'n geheiligde lewe.

GEDAGTE VIR DIE DAG:

27

Ewige God, laat U genade 'n bron van toewyding in my siel oopsluit. Verlos my van alle selfbeheptheid en dwase eiewaan. Gee dat daar in my gedagtes plek sal wees vir my naaste en dat alles wat ek doen ook vir hulle tot 'n seën sal wees.

GEDAGTE VIR DIE DAG:

28

Vader, gee dat ek elke uur van hierdie dag met U verbonde mag bly. Heilig elke moment van my lewe. Plaas ook die geringste in die lig van U alomteenwoordigheid sodat niks in donkerte gehul bly nie.

GEDAGTE VIR DIE DAG:

29

Vader, gee dat, hoe herhaaldelik ek ook al vandag vir die versoekinge moet wegvlug, ek my veiligheid in U mag vind. Wanneer dit tot 'n worsteling met die bose kom, skenk dan ook aan my die krag daartoe.

GEDAGTE VIR DIE DAG:

Hemelse Vader, gee dat ek my oë tot die berge mag ophef. Laat my steeds nader aan U kom soos my dae op aarde verbybeweeg. Gee dat my uitsig op U heerlikheid my sterkte mag word. Laat my van ver af die beloofde land aanskou.

GEDAGTE VIR DIE DAG:

Oktober

1

Hemelse Vader, gee dat ek na U sal opsien en daardeur aan U gelykvormig word. Gee dat ek in die geloof deel mag hê aan U oorvloed. Suiwer my in Christus. Gee dat ek deur my lewenswandel sal wys dat ek die eiendom van die Ewige God is.

GEDAGTE VIR DIE DAG:

2

Vader in die hemel, ek dank U dat U elke dag vir my sorg. U genade is oneindig. U kroon ook hierdie dag met U guns. Gee dat ek U talle gunste sal raaksien. Bevry my van my geestelike blindheid. Gee dat ek oral U voetspoor mag raaksien.

GEDAGTE VIR DIE DAG:

3

O God van alle krag, vernuwe die wêreld deur U Heilige Gees. Neem alle verwaandheid en onenigheid uit ons harte weg. Maak die mense broederlik gesind en suiwer. Gee dat ons een sal wees deur die geloof in Christus.

GEDAGTE VIR DIE DAG:

4

Ewige God, gee dat U Heilige Gees vandag by my mag wees. Hy staan my by in alles wat ek doen. Sy wil regeer my lewe.

GEDAGTE VIR DIE DAG:

5

Almagtige God, ek loof en prys U Naam omdat U ons hoop op die ewige lewe vestig. Ek dank U daarvoor dat die lig van die ewigheid op my aardse lewenspad val. Ek wil my daarin verbly dat ek nie net stof is nie, maar dat U Goddelike lewe ook in my is. Gee dat ek nooit sal vergeet waarvoor U my geroep het nie.

GEDAGTE VIR DIE DAG:

6

Ewige God en Vader, wek in my 'n honger en dors na U geregtigheid. Gee dat ek nie 'n slegte doel vir my lewe ten doel sal hê nie. Gee dat die verlange na die tydelike my tog nie sal vernietig nie. Gee dat my hart mag dors na die verkwikkende water, na die bron van heil.

GEDAGTE VIR DIE DAG:

7

Almagtige God, gee dat ek altyd getrou in my pligte sal wees. Vervul my met die gees van liefde, want dan sal my juk sag en my las lig wees. Gee dat ons ons arbeid in U lig sal sien sodat dit in U geheilig mag wees.

GEDAGTE VIR DIE DAG:

GEBED VIR NOG 'n NUWE DAG

8

Vader, bewaar my hart van alle aardse goddeloosheid. Was my, dan sal ek onbevlek wees en my kleed sneeuwit word. Heilig my dat ek geheilig vir U mag lewe.

GEDAGTE VIR DIE DAG:

9

Here Jesus, U is die lig van die wêreld. Gee dat ek in die lig mag wandel sodat ek vrug vir die hemel mag voortbring. Vorm my as 'n kind van die lig.

GEDAGTE VIR DIE DAG:

10

Hemelse Vader, gee dat ek U kindskap waardig mag wees. Gee dat ek alles as skadelik sal ag om sodoende Christus as wins te verkry en aan Hom gelykvormig te word. Vervul my siel met heilige eerbied en gee dat my voete die pad van U gebooie mag betree.

GEDAGTE VIR DIE DAG:

11

My Heiland, leer my om my kruis blymoedig te dra. Gee dat ek nie in eiewillige ongeduld die juk van my afpluk nie. Gee dat ek vandag nie lusteloos nie, maar behoedsaam blymoedig mag wees.

GEDAGTE VIR DIE DAG:

12

My liewe Vader, help my om vriendelik te wees. Ek gryp baiemaal met ruwe hande die wonde van mense aan sodat dit vir hulle nog swaarder word. Skenk aan my die regte simpatie sodat ek die verdriet en ontnugtering van my medemens mag aanvoel en hulle met die sagmoedigheid van Christus mag aanraak.

GEDAGTE VIR DIE DAG:

13

Barmhartige God, gee dat my hart na U gebooie sal neig. Bevry my van my bose begeertes. Gee dat ek die waarheid en die heiligheid sal najaag. Gee dat ek sal honger na U geregtigheid.

GEDAGTE VIR DIE DAG:

14

Barmhartige Vader, reël U vandag my lewensloop. Beskerm my teen die eerste tree op die verkeerde pad. Gee dat ek nie die verruklikheid van hierdie wêreld sal opsoek nie, maar in die voetspore van my Verlosser sal volg.

GEDAGTE VIR DIE DAG:

15

Almagtige God, help my dat U lig in my deur geen mag van die vyand verduister sal word nie. Gee dat die aardse sorge nie soos wolke U glans sal bedek nie. Laat U volk oral op aarde die lewewekkende strale van U geregtigheid voel.

GEDAGTE VIR DIE DAG:

16

Vader, suiwer my gedagtes aan die begin van hierdie nuwe dag. Vat alles wat onsuiwer in my is weg. Rig my aangesig op die hoogtes van U berge. Gee dat my ganse lewe 'n opgang na bo mag wees.

GEDAGTE VIR DIE DAG:

17

Sterke en almagtige God, sien op my swakheid neer. Deurstroom my onbekwame hart met die volheid van U krag. Gee dat ek deel mag hê aan U sterkte. Laat my in die worsteling oorwin.

GEDAGTE VIR DIE DAG:

18

Vader van liefde, ek bid vir almal wat nog in duisternis hulle weg soek. Gee tog dat hulle U mag vind. Gee dat hulle 'n opregte begeerte sal hê om U wil te doen sodat hulle oë verlig sal word. Maak hulle suiwer van hart sodat hulle U mag aanskou.

GEDAGTE VIR DIE DAG:

19

Ewige God en Vader, gee dat ek mag ervaar dat ek deur U liefde en genade bedek is. Omhul my met U goedheid dat ek sonder angs veilig onder U beskerming kan voortgaan.

GEDAGTE VIR DIE DAG:

20

Vader, neem my woorde onder U tug. Laat my mond van U getuig. Gee dat die vrug van my lippe U sal eer. Laat my omgang met mense deur U Gees van genade gelei word. Bewaar my tong, die klein liggaamsdeel wat meermale soveel onheil aanrig. Gee dat ek U getroue getuie mag wees.

GEDAGTE VIR DIE DAG:

21

Ewige God, U krag is my sterkte en U genade is my hoop op verlossing. Gee dat ek my hulp nêrens anders as by U sal soek nie. Gee dat ek deur die geloof deel mag hê aan U Goddelike natuur. Gee dat my wandel met Christus in die hemel mag wees.

GEDAGTE VIR DIE DAG:

22

Heilige Vader, heilig my heeltemal. Laat die mees verborge dinge in my lewe ook aan U toegewy wees. Gee dat my mees geheime gedagtes aan U behoort.

GEDAGTE VIR DIE DAG:

23

Ewige God, ek loof en prys U heilige Naam. U liefde strek sover as wat die hemel is en omring alle mense. Gee dat ek U barmhartige teenwoordigheid altyd voor oë mag hê. Troos my met die oortuiging van U liefde en skenk U vrede aan my.

GEDAGTE VIR DIE DAG:

24

Vader, gee dat ek 'n vriendelike en liefdevolle gesindheid mag hê. Maak my hart ruim sodat ook my naaste daarin plek kry. Gee dat ek my naaste nie uit my gedagtes verdryf nie, maar hulle met liefde en deelname tegemoet kom.

GEDAGTE VIR DIE DAG:

25

Heilige God, gee dat ek vandag tot U eer mag lewe. Gee dat ek my werk as 'n diens, vir U bestem en aan U geheilig, sal uitvoer. Gee dat ek my oog gerig sal hou op die Seun van die mens sodat ek in my hele wandel Hom behaaglik mag wees.

GEDAGTE VIR DIE DAG:

26

My God en Vader, gee dat ek dit sal haat wat U Woord my beveel om te haat. Skenk aan my haat teen die sonde. Gee dat ek nie slegs bevrees vir die straf sal wees nie, maar dat ek die sonde self sal verfoei. Gee dat ek nooit mag veroorloof dat die onweerstaanbaarheid van die sonde my sal verlei nie, maar dat dit my steeds meer met hartseer sal vervul.

GEDAGTE VIR DIE DAG:

27

Vader, ek besef dat ek alles aan U genade te danke het. Gee dat ek tog nooit onverskillig teenoor U genade sal word nie. Gee dat ek sal verstaan dat dit U goedheid is wat my die daaglikse en álle tydelike of ewige seën skenk.

GEDAGTE VIR DIE DAG:

28

Genadige God, skenk aan my die gees van barmhartigheid. Bevry my van alle liefdeloosheid. Maak my sag en vriendelik in U diens sodat die mooiheid van 'n lewe wat aan U gewy is, ook ander na U sal trek.

GEDAGTE VIR DIE DAG:

29

Ewige God, skenk aan my nuwe en lewende hoop. Gee dat ek vandag groot dinge sal verwag en op U beloofde genade sal vertrou. Lei my om U wonders raak te sien en die spore van U seën oral te gewaar.

GEDAGTE VIR DIE DAG:

30

Almagtige Vader, seën my met sterkte en vrede. Gee dat ek my dagtaak sal aanpak soos iemand wat aan sy Here en Meester rekenskap verskuldig is. Gee dat ek nie sal werk uit dwang nie, maar uit liefde vir U.

GEDAGTE VIR DIE DAG:

31

Ewige God, U genade is my enigste hoop. My lewe is donker sonder U goedheid. Gee dat ek in U liefde mag bly, sodat ek U heerlikheid mag sien. Skenk aan my die gees van gehoorsaamheid sodat die U geheimenis in my mag woon.

GEDAGTE VIR DIE DAG:

November

1

Vader, ek vertrou hierdie nuwe maand toe aan U. Gee dat ek tog mag insien hoe goed dit met my gaan omdat ek op U vertrou. Gee dat ek U vrede mag smaak. Maak my siel stil met die aanblik van Christus se liefde.

GEDAGTE VIR DIE DAG:

2

Heilige Vader, gee dat alles wat goed en waar is by my mag weerklank vind. Maak my weer lewend as my innerlike lewe afgestomp raak. Gee dat ek my sal verbly met die wat bly is en treur met die wat treur. Gee dat ek aan Christus verbonde sal bly.

GEDAGTE VIR DIE DAG:

3

Almagtige God, maak my siel nuut deur U genade. Gee dat ek hierdie dag in U krag mag begin. Sterk my om U wil te doen. Gee dat ek my taak van vandag met 'n oorwinnende geloof mag volbring.

GEDAGTE VIR DIE DAG:

4

Grote God, leer my hoe om sagmoedig te wees. Laat ek in voorspoed nie verhard nie en in teleurstelling nie verbitterd raak nie. Gee dat ek welwillend en vol liefde sal bly en op U sal vertrou.

GEDAGTE VIR DIE DAG:

5

Vader, ek dank U vir al die weldade wat U alreeds aan my bewys het. Verfris my geheue gedurig sodat ek dit nooit sal vergeet nie. Gee dat ek sal erken dat U barmhartigheid my altyd gelei het en gee dat ek U genade sal prys.

GEDAGTE VIR DIE DAG:

6

Vader, ek bid tot U vir die uitgeworpenes en die eensames. Gee dat my hart ryk aan medelydende liefde sal word sodat ek die verlorenes mag opsoek en hulle na U lei. Gee dat ek so mag lewe dat hulle deur my voorbeeldige gedrag en getuienis die pad na die Vaderhuis terug mag vind.

GEDAGTE VIR DIE DAG:

7

Genadige Vader, verdryf elke gedagte uit my kop wat my band met U verbreek en my liefde vir U versteur. Maak my hart en my denke oop vir U genade sodat ek U elke dag kan loof en prys.

GEDAGTE VIR DIE DAG:

8

Here my God, wat verlang U vandag van my? Watter taak het U vir my dag toegeken op hierdie dag? Maak my oë oop sodat ek U wil mag onderskei. Gee dat ek hierdie dag nie sal vermors nie, maar dat dit my tot 'n ewige wins sal wees.

GEDAGTE VIR DIE DAG:

9

Heilige Gees, laat my innerlike lewe kragtig groei. Gee dat die woestyn in my lieflik mag opbloei. Gee dat my waardelose lewe, as ek op my eie staan, heerlik vrugbaar mag word in Christus. Vernuwe nou alles in my.

GEDAGTE VIR DIE DAG:

10

Vader, beskerm my vandag teen die gevare van die wêreld en teen die heftige drang van 'n ongetemde humeur, teen boosheid en hebsug, en ook teen alle baatsugtigheid en liefdeloosheid.

GEDAGTE VIR DIE DAG:

11

Almagtige God, gee dat U liefde op my mag gees rus en gee dat my liefde in U mag rus. Laat die band wat my aan U verbind nie skeur nie. Gee dat ek deur alle kommer en angs van hierdie lewe aan U standvastige, kinderlike gehoorsaamheid verbind bly.

GEDAGTE VIR DIE DAG:

12

Hemelse Vader, skenk aan my die hart van 'n kind. Gee dat ek ontvanklik sal wees vir U gawes. Gee dat ek nooit eerbied en bewondering vir U verloor nie. Openbaar U genade elke dag opnuut aan my en sterk my van heerlikheid tot heerlikheid.

GEDAGTE VIR DIE DAG:

13

Vader, vir U lê alles oop. Sien op my neer met deernis en vergewe my al my sondes. Gee dat ek opreg teenoor U my sonde sal bely, dit sal haat en my vasberade daarteen sal verset.

GEDAGTE VIR DIE DAG:

14

Vader, help my om my kruis sonder opstandigheid te dra. Beskerm my sodat dat ek nie 'n verbitterde en onvergenoegde kind van U word nie. Wys my hoe om onder 'n swaar las blymoedig te volhard, omdat U krag in my swakheid te voorskyn kom.

GEDAGTE VIR DIE DAG:

15

Liefdevolle God en Vader, skenk aan my die enigste grootheid wat vir U saak maak: maak my groot in nederigheid en sagmoedigheid, in getrouheid en liefde. Help my dat ek nie net die grootheid van hierdie wêreld najaag en so die kroon van die ewige lewe verbeur nie.

GEDAGTE VIR DIE DAG:

16

My Heiland, gee dat ek vandag in U gemeenskap mag verkeer. Gee dat ek deel mag hê aan U krag, aan U vreugde, aan U rus, aan U vrede.

GEDAGTE VIR DIE DAG:

17

Vader van alle mense, gee dat ek nooit mag vergeet wat U groot en heerlike Naam beteken nie. As ek U Vader noem, moet ek ook al U kinders liefhê. En tog, hoeveel ontbreek daar aan my liefde vir al U kinders. Bewaar my van valsheid. Bevry my van alle onreg in my gebed.

GEDAGTE VIR DIE DAG:

18

Ewige God, gee dat ons voete op die weg van U gebooie mag wandel. Gee dat ons almal voortdurend met groter ywer U sal dien sodat ons nie traag op U weg sal gaan nie, maar die hemelse skatte, wat U beloof aan almal wat volgehoue streef na die kroon, sal najaag.

GEDAGTE VIR DIE DAG:

19

Almagtige God en Vader, beskerm my siel teen alle gevaar. Laat niks my vandag skade aandoen nie, maar gee dat alles tot my heil mag dien. Gee ook dat my vyande my tot 'n seën word.

GEDAGTE VIR DIE DAG:

20

Vader, gee dat ek elke dag opnuut aan U verbind mag wees. Gee dat alles wat ek na hunker en doen aan U toegewy mag wees. Die liefde van Christus vul al my gedagtes. Gee dat al my kragte in U gewortel mag wees.

GEDAGTE VIR DIE DAG:

21

God van ontferming, toon aan my die rykdom van U liefde. Bevry my van alle selfbeheptheid. Maak vir my medemens plek in my lewe. Gee dat vele vermoeide pelgrimreisigers by my verkwikking en troos mag vind.

GEDAGTE VIR DIE DAG:

22

Ewige God en barmhartige Vader, ons lewe uit U genade. Gee dat my siel ruim en ryk mag wees. Beskerm my teen gevaarlike selfvoldaanheid en ydele vergenoegdheid met myself. Maak my hart vol met heilige heimwee na U. Lei my om nie versadig te word voordat ek in U beeld ontwaak het nie.

GEDAGTE VIR DIE DAG:

23

Vader, leer my hoe ek U moet aanbid. Gee dat my siel in diepe onderdanigheid voor U sal kniel. Gee dat ek U nabyheid mag bespeur en vervul my met heilige eerbied in U aanwesigheid. Leer my reg bid.

GEDAGTE VIR DIE DAG:

24

Genadige Heiland, was my siel skoon deur U allerheiligste Woord. Verban alle gedagtes wat teen U ingaan. Maak my hart 'n tempel van die lewe en van rus en vrede. Gee dat U dierbare bloed my enigste pleitgrond vir my lewe en vir my sterwe mag wees.

GEDAGTE VIR DIE DAG:

25

Vader, regeer U oor al my tyd. Gee dat ek my dae volgens U wil mag begin en hulle afsluit met vertroue op U vergewende genade. Laat U lig tot die einde toe oor my lewe skyn.

GEDAGTE VIR DIE DAG:

26

Heilge Gees van genade, gee dat ek U nooit sal minag of vergeet nie. Gee dat ek nooit enige besluite sal neem sonder om U raad en leiding te vra nie. Verlig my donkerheid en omvorm my al meer as 'n kind van die lig.

GEDAGTE VIR DIE DAG:

27

Hemelse Vader, gee dat ek vandag voortdurend my aangesig na U sal wend. Laat die slegte en lae dinge my nie aftrek nie. Lei my om te wandel soos 'n kind van die Almagtige wat weet dat sy burgerreg in die hemel goed bewaar is.

GEDAGTE VIR DIE DAG:

28

Vader, gee dat ek U stem mag hoor wanneer U met my praat en laat ek blymoedig daarop reageer. Gee dat ek dienswillig aan U gehoorsaam sal wees, ook wanneer U my tot 'n moeilike plig roep. Gee dat ek my kruis sal opneem en U sal navolg.

GEDAGTE VIR DIE DAG:

29

Vader, maak my vry van my boesemsonde. Red my van al die bose begeertes. Keer my sondige neigings om sodat ek niks meer sonder U sal begeer nie en uit die bron van U vreugde sal drink tot volle versadiging.

GEDAGTE VIR DIE DAG:

30

Vader, ek dank U vir almal wat alreeds U rus ingegaan het. Laat die vaste hoop op my hemelse erfenis my aardse dagtaak bestraal en verheerlik. Gee dat ek my in my werk vir U 'n altaar sal bou en laat alles wat ek doen 'n offer aan U wees wat U sal welgeval.

GEDAGTE VIR DIE DAG:

Desember

1

My Heiland, skenk aan my U gesindheid uit genade en laat my steeds inniger met U verbind wees. Beskerm my van elke gedagte wat U teenstaan. Lei my om 'n kind van die lig te kan wees.

GEDAGTE VIR DIE DAG:

2

Ewige God, sien in barmhartigheid op my neer en laat U ontferming 'n bron van medelyde in my ontsluit. Gee dat ek die beeld van my Saligmaker mag weerspieël. Gee dat Sy liefde my lewe mag vul en gee dat Sy offer my gewillig mag maak om my aan ander te gee.

GEDAGTE VIR DIE DAG:

3

Vader van alle barmhartigheid, troos my sodat ek ook ander kan vertroos. Lei my om my verborge talente, wat tog alles U genadegawes is, nie net vir myself te hou nie, maar blymoedig te mag gebruik sodat ook my medemens daaraan deel kan hê.

GEDAGTE VIR DIE DAG:

4

Hemelse Vader, versterk my wat swak is deur U genade. Gee dat ek vandag in alle opsigte my lewenstaak kan volvoer en dit met groot blydskap kan verrig. Gee dat ek elke teenstand van die bose mag oorwin deur Hom wat my liefhet.

GEDAGTE VIR DIE DAG:

5

Vader, ek kan alleen in U lig veilig wandel. Gee dat ek nie 'n slagoffer van my hardkoppigheid sal word nie en daardeur in die duisternis bly nie. Gee dat ek mag honger na U Woord en dat ek my deur die Woord sal laat lei.

GEDAGTE VIR DIE DAG:

6

Vader, gee dat elke terugslag wat ek beleef vir my tot 'n seën sal word. Lei my om in my nederlae innerlik rustig te bly, maar nietemin op U te bly hoop. Gee dat al my teenspoed tot U verheerliking mag dien.

GEDAGTE VIR DIE DAG:

7

Heilige Gees, versterk my in my swakhede tot 'n nuwe lewe. Besiel my hart met 'n vernude pligsgetrouheid. Gee dat my geloof nie in sy knop sal verwelk nie, maar sal groei en vrug dra.

GEDAGTE VIR DIE DAG:

8

Vader, skenk aan my die regte insig in U weë sodat ek U mag raaksien in die doodgewone dinge, en in alles wat ek beleef U wil mag ken.

GEDAGTE VIR DIE DAG:

9

Vader, U is die bron van die lewe. Wanneer ek dit vergeet, raak my siel dor en droog. Maak my siel weer lewend deur U krag. Gee dat ek weer opnuut die bron sal opsoek en die water van die lewe daaruit sal drink.

GEDAGTE VIR DIE DAG:

10

Vader, beheer my begeertes en onderwerp hulle aan U wil. Gee dat my begeertes in eerbied sal buig vir U gebooie en nooit in eiewaan teen U in opstand sal kom nie.

GEDAGTE VIR DIE DAG:

11

Vader in die hemel, gee dat ek tog soos 'n kind sal word. Beskerm my teen eiewaan en dwase selfoorskatting. Gee dat ek my nooit sal skaam om op U te steun en daagliks by die deur van U tempel om aalmoese te vra nie.

GEDAGTE VIR DIE DAG:

12

Ewige God, U goedheid is my lewe. Gee dat ek vandag in U genadige lig mag wandel sodat U vertroosting my ten volle vervul en ek 'n kind van die lig mag wees.

GEDAGTE VIR DIE DAG:

13

Vader, ryk aan barmhartigheid, ek bid vir die verlorenes wat ver van U Vaderhuis ronddwaal. Ontferm U oor die uitgestotenes onder die mense. Gee dat baie bereid sal wees om hulle te help en lei U self die ellendiges na U Vaderhart. Was hulle skoon van hulle sondes.

GEDAGTE VIR DIE DAG:

14

Grote God, laat ek niks vrees wat hierdie dag vir my kan bring nie. Wees my toevlug sodat ek alles kalm mag afwag in 'n vaste en blymoedige vertroue op U.

GEDAGTE VIR DIE DAG:

15

Ewige God, leer my om Christus, my Verlosser en Saligmaker, te ken. Laat my nie oor aan my eie dwaasheid nie. U ken die nou grense van my dwaasheid. Gee dat U Goddelike lig in my siel mag skyn en maak my sterk in Jesus Christus.

GEDAGTE VIR DIE DAG:

16

Hemelse Vader, help my om te begryp waarom U soveel moeitevolle dinge in my lewe gebring het. Lei my om in te sien dat lyding en beproewing ook my vriende is. Gee dat ook my terugslae my tot 'n wins mag word.

GEDAGTE VIR DIE DAG:

17

Almagtige God, hef my lewe omhoog tot U lig. Gee dat ek geen menslike bepaling vir my as gids sal kies nie, maar gee U dat ek U gebooie gehoorsaam en blymoedig mag navolg. Skenk aan my 'n blymoedige gees en help my om vir U waarheid op te staan waar ek my ook mag bevind.

GEDAGTE VIR DIE DAG:

18

Heilige Gees van barmhartigheid, stort U uit oor alle mense. Bevry hulle van vrees en dwaling en rig hulle hart op die pad van lig en van waarheid. Lei ons almal om in ons siel die werk van U genade te kan raaksien.

GEDAGTE VIR DIE DAG:

19

Vader, neem my opnuut weer in U gemeenskap op. Beskerm my teen onverskilligheid en bloot uiterlike godsdiens. Gee dat ek deur die oorwinnende krag van U liefde vas en innig aan U verbind sal bly.

GEDAGTE VIR DIE DAG:

20

Barmhartige Vader, U weet wat my sondes is. Gee dat ek my sondes sal haat. Ek lewer my sondes wat ek liefhet aan U uit. Help my om hulle te oorwin. Gee dat ek alleen die goeie sal liefhê en mik na alles wat suiwer is.

GEDAGTE VIR DIE DAG:

21

God van alle genade, laat U Heilige Gees aan my siel werk en tot in die diepste skuilhoeke daarvan deurdring. Gee dat ek niks vir my self sal hou nie, maar aan my lewe heeltemal U sal oorgee. Deursoek my hart en denke en maak my volledig U eiendom.

GEDAGTE VIR DIE DAG:

22

Vader, gee dat ek uit my foute sal eer en gee dat dit my tot waarskuwing sal dien. Gee dat ek vandag deur U genade verstandig gemaak mag word oor my dwaasheid van gister.

GEDAGTE VIR DIE DAG:

23

Grote God, beskerm my dat ek nie klein van U dink nie. Gee dat U liefde en heiligheid werklik die groot oogmerk in my lewe sal word, dan sal ek ryk en heilig wees.

GEDAGTE VIR DIE DAG:

24

Vader, ek dank U dat ek U aangesig in Jesus Christus mag aanskou. Gee dat ek U verskyning sal liefhê. Laat my op U voetspore ag slaan en dit oral eien wanneer U naby my kom.

GEDAGTE VIR DIE DAG:

25

Here Jesus Christus, my dierbare Heiland, dit is U geboortedag. Ek wil U eer en prys. Wys aan my hoe ek voor U moet wees en handel. Skenk aan my die gees van eerbied sodat ek die geheim van U heerlikheid mag aanskou. Gee dat dit vir my siel vandag 'n feesdag mag wees.

GEDAGTE VIR DIE DAG:

26

Almagtige God, laat ons U lig aanskou in die aangesig van Jesus Christus wie se geboortefees ons herdenk. Omarm ons met U teenwoordigheid sodat ons verheug in U mag wees.

GEDAGTE VIR DIE DAG:

27

Vader van alle genade, gee dat die lig van U aangesig oor ons mag skyn. Gee dat ek in U lig mag wandel sodat dit binne-in my 'n vaste geloof en suiwere begeertes sal laat ontbrand. Vervul my hart met liefde vir U waarheid.

GEDAGTE VIR DIE DAG:

28

Here van die heerlikheid, skenk aan my 'n geopende oog vir die hemelse, vir die ewige lewe. Gee dat ek dit sal herdenk waar dit ook in my aardse lewe afdaal. Vestig my oë op na die dinge wat Bo is. Vorm my as 'n kind van die ewigheid.

GEDAGTE VIR DIE DAG:

29

My opgestane Here en Heiland, gee dat ek U vrede mag smaak. Ek kan so maklik ontmoedig en benoud wees en ek verlang so na rus, na ewigdurende rus. Skenk U vrede aan my. Lei my om op U te vertrou vir tyd en ewigheid.

GEDAGTE VIR DIE DAG:

30

Almagtige God, U mag is my beskutting. Op U vertrou ek in die worstelstryd teen die wêreld, die vlees en die duiwel. Kom my swakhede met U krag te hulp.

GEDAGTE VIR DIE DAG:

31

Hemelse Vader, gee dat die jaar wat verbygegaan het aan U liefde en genade opgedra mag wees. Keer alle onheil om sodat die goeie daaruit mag voortspruit en vergewe my al my sondes. Ek loof en dank U vir elke oorwinning wat ek in hierdie jaar ervaar het, maar skenk aan my 'n beskeie lewensuitkyk sodat ek niks van myself nie, maar alles van U verwag. Gee dat ek hierdie jaar in U vrede mag afsluit.

GEDAGTE VIR DIE DAG:

www.ingramcontent.com/pod-product-compliance
Lightning Source LLC
Chambersburg PA
CBHW071458040426
42444CB00008B/1390